AF592906

Les collines vertes

Laurent Coulloumme-Labarthe

Les collines vertes

LE LYS BLEU
ÉDITIONS

ISBN : 979-10-377-7002-8

Préface

Janvier 2022

L'énergie d'entreprendre m'a traversée très jeune dans la ferme de mon enfance. Les obligations quotidiennes des soins aux animaux dont il faut s'occuper quel que soit la couleur du temps, l'humeur du jour ou le moral du moment, m'a poussé à des prises d'initiatives, au dépassement de soi pour le bien-être des animaux qu'on aime en contrepartie d'une production de lait qui fait vivre la ferme.

Entreprendre est un art de vivre, une force à agir pour son autonomie, pour sa liberté, son indépendance et pour l'amour des siens. Mais cette indépendance n'est en réalité à sa juste place que dans l'interdépendance avec les autres.

Toutes les parties prenantes sont concernées, associés, fournisseurs, salariés, famille, territoires, société civile en général.

Dans la nature, on appelle ça la symbiose. Le fait qu'une plante héberge un champignon dans le but d'échanges réciproques d'éléments nutritionnels vitaux donne naissance à une interdépendance bien comprise qui permet de vivre longtemps ensemble. C'est le pari d'une plante pionnière, rustique, adaptée au pire milieu de vie : le lichen. Des millions d'autres plantes sont organisées dans ce mode d'échange.

Faire société entre Humains c'est prendre l'initiative d'organiser les échanges d'un écosystème qui va permettre une vie sociale, l'innovation, le progrès.

Dans l'envie d'entreprendre il y a de la compétence, de l'amour, de l'engagement, des rencontres, des joies intenses, des peurs et des peines. C'est comme une émotion difficilement contrôlable. Une fois habité par cette émotion, on a pris le risque de ne plus pouvoir s'en séparer et de se faire submerger par elle toute sa vie.

Entreprendre relève de l'énergie féminine. L'intuition de se lancer dans une aventure dans laquelle on met toute son énergie : celle qu'on a en réserve, ses économies, celles qu'on a en soi, sa fougue, sa force, sa peur, sa confiance, son enthousiasme, celle qu'on emprunte à l'avenir, le prêt financier bancaire ou rendu possible par des amis, et celle d'un collectif qui se constitue autour de ce projet.

Dans un monde où le capitalisme ne cesse de détruire les relations humaines, est-il encore envisageable d'associer ces 2 termes : travail et rêve ? Indispensable indépendance trouvée dans son rêve, vécue dans son rêve, vibrée dans son rêve. Indispensable énergie qui va s'emparer de l'entrepreneur. C'est ici toutes les conditions fondatrices de l'énergie entrepreneuriale.

Dans les pages qui suivent, le rêve naît dans de multiples aventures plus rocambolesques les unes que les autres. Laurent seul, puis avec sa famille se forge une expérience inédite aux multiples rebondissements tant heureux que douloureux. L'ivresse de la découverte ne le quittera pas jusqu'à l'inspiration de la création de son entreprise bretonne posée en bord de mer sur la côte nord.

Cette inspiration créatrice donnera naissance à une activité inattendue en Bio. Mais au-delà de l'activité, l'intégration du handicap au cœur du fonctionnement impose un management créatif, patient, de cœur.

Entreprendre, aventure personnelle, familiale, aventure collective, territoriale, humaine, humaniste ?

Un tel parcours pour trouver les innombrables briques de la construction d'un autre modèle d'entreprise en ce début de 21e siècle.

Une richesse intérieure avant une richesse économique. Trouve-t-on là les bases de l'économie de demain ?

Claude Gruffat – Eurodéputé
Président de Biocoop 2004 – 2019

Chapitre 1
L'initiation

Il est 6 h 30, le café âcre et bouillant m'apporte du réconfort et de l'énergie. Le calme du bureau et la fraîcheur de cette matinée de printemps me permettent presque de sentir la lente descente du liquide dans mon corps. J'ai le sentiment que cette potion irrigue tout mon réseau vasculaire jusqu'à l'extrémité de mes membres. C'est le deuxième mug de la journée. La routine des horaires a désormais fait place à l'exceptionnel et l'arrivée au bureau entre cinq heures et cinq heures trente du matin fait partie de mon quotidien.

La journée s'annonce excitante. Chaque pas de plus dans cette aventure apporte son lot de surprises et contraste fortement avec l'emploi du temps convenu de mon emploi précédent que j'évoque quelques lignes plus bas. Certains de ces pas me donnent des ailes, d'autres me plongent la tête sous l'eau, sans pour autant me noyer ou amenuiser ma combativité.

Je m'étais lancé depuis quelques mois, quittant mon travail à San Francisco pour vivre l'aventure entrepreneuriale à Los Angeles. J'avais un associé, majoritaire, mais dans ces premiers mois de lancement il avait conservé son activité, j'étais donc le seul à travailler à temps plein.

Pour l'heure, il me fallait préparer des bons de commande avant de partir en tournée. Mes mains tremblaient un peu sur le clavier. L'effet de la caféine se faisait sentir. Depuis toujours, j'avais constaté combien mon corps réagissait vivement aux propriétés de ce grain torréfié. Il me procurait un effet dopant réel, qui, lorsqu'il venait s'additionner à l'énergie débordante du début de journée, pouvait être dur à canaliser. Les idées, les projets, les projection dans le futur et même dans le lendemain du futur se bousculaient, s'entrelaçaient et il me fallait faire preuve de concentration pour canaliser ce flux. En présence d'autres personnes, apparaître posé et réfléchi tandis que dans ma tête se pressaient mille pensées exigeait un effort intellectuel important. Je me voyais intérieurement comme un toxicomane emporté dans une spirale d'élucubrations divagantes. Les idées arrivaient en permanence, rebondissaient dans ma tête et si je ne parvenais pas à les accrocher, elles s'effaçaient confusément. Cela pouvait friser la paranoïa si je m'entêtais à retrouver une de ces idées, qui se faisait désormais insaisissable, sans pour autant arrêter le flux des nombreuses autres.

Si j'eus craint que mon cerveau ne me joue des tours et ne me fasse matérialiser des élucubrations incongrues, j'observais rapidement le discernement instinctif de ces pensées. Cela s'apparente, de fait, à la remise en cause du rationalisme par Nietzsche qui affirmait que les idées n'ont pas d'existence propre et indépendante, mais qu'elles ne sont que des instincts déguisés.

J'appris donc à me servir de cette manne de données et à les filtrer autant que possible pour n'en retenir que les plus utiles.

Pour autant, mon métier était dans l'action. Au-delà du développement de l'activité, il me fallait aller sur le terrain, en tournée, confronter mes arguments à des acheteurs en tout genre. Cette partie-là était un loisir, presque un vice. Je prenais un malin plaisir à pousser au-delà des limites de la vente traditionnelle. J'avais acquis cette aisance à faire naître dans la tête des gens l'envie d'acheter, de faire une bonne affaire et même de tenter, à mes côtés, un pari un peu osé. Au lieu de se contenter de commander comme ils le faisaient à l'accoutumée, ils entraient dans une aventure et relevaient un défi !

J'avais mis à jour cette aptitude l'année précédente alors que je représentais une société d'importation de produits gourmets français à San Francisco. J'avais longuement insisté pour ajouter à mon portfolio alimentaire, les vins. Ce domaine était pourtant réservé aux seuls initiés, mais mon insistance et une bonne dose de culot me permirent d'être accepté à l'essai.

Le système était bien rodé. Les commerciaux emportaient chaque semaine des échantillons adaptés au pouvoir d'achat présumé de leur clientèle et de leurs prospects. En clair, pour obtenir les échantillons des plus fins millésimes et avoir une chance de les vendre, il fallait faire ses preuves sur le tout-venant. Ce dernier, grâce à son origine française, faisait tout de même jubiler les Américains. Par ailleurs, les territoires de vente étaient fréquemment disputés entre les commerciaux eux-mêmes. Enfin, les opportunités de prospection au centre-ville n'existaient plus, car la place était déjà prise par des vendeurs de tout bord. J'avais donc demandé la permission de prendre en charge les territoires de Napa et de Sonoma, qui étaient les deux régions viticoles les plus renommées de la baie aux portes de la ville. J'avais appris à les connaître en y vendant des produits gourmets aux restaurants et hôtels haut de gamme qui profitaient de l'œnotourisme. J'appréciais, en outre, la route qui me conduisait tout d'abord jusqu'au Golden Gate Bridge. Elle traversait le parc du Présidio arboré de majestueux séquoias. Je me rappelle aussi des eucalyptus qui bordaient la route. Leurs fines écorces creusées de profonds sillons se décortiquaient et formaient avec leurs feuilles très allongées et bleutées des amas de pots-pourris naturels. Leur arôme frais et pénétrant répandait dans la voiture un parfum vivifiant et printanier alors que je m'engageai sur le pont qui amenait à coup sûr l'air pur et iodé du pacifique. Cet ouvrage rouge magistral enjambe à soixante-sept mètres de hauteur et sur plus d'un kilomètre l'embouchure de la baie de San Francisco.

On me laissa ce périmètre sans trop de difficulté puisqu'aucun des importateurs de vins n'y voyait un potentiel. Les viticulteurs de la région produisaient déjà de bons crus et en faisaient activement la promotion. J'avais, au contraire, le sentiment que les connaisseurs apprécient toujours de comparer. Par ailleurs, il me semblait incongru d'appartenir à la sphère viticole sans avoir à sa disposition les flacons importés à l'origine de ce précieux nectar.

J'attaquais donc l'exercice par les champagnes, dont la réputation et la simplicité de l'offre me faciliteraient la tâche. J'obtins, non sans mal, un échantillon du meilleur champagne en stock que je promis de ne pas ouvrir et de ramener une fois ma semaine terminée. Dubitativement, le préposé aux échantillons me laissa donc partir avec cette bouteille aux possibilités de vente incertaines. Mais je savais les Américains curieux et désireux. Je misai sur l'inaccessibilité du produit en raison de sa rareté et de son prix pour susciter de la convoitise. Je planifiai donc de visiter les clubs de golfs privés, nombreux sur cette étendue vallonnée et largement agreste.

L'expérience révélatrice survint alors que j'avais obtenu la permission de présenter mes produits au manager d'un « club house » très distingué. À ma grande surprise, il s'agissait d'une femme. Fait rare dans ce milieu encore très misogyne. Elle se comportait en maître des lieux et faisait acte d'une présence magistrale. Elle se tenait droite, jetait des rapides coups d'œil autour d'elle tout en venant vers moi pour s'assurer que tout fut en ordre. Ses cheveux soigneusement shampooinés et largement laqués ondulaient à peine, tandis qu'elle se déplaçait, renforçant sa stature autoritaire.

Après m'avoir serré la main avec fermeté, elle s'assit de l'autre côté d'une petite table ronde en croisant les jambes d'un mouvement assuré. Son tailleur blanc impeccablement repassé faisait ressortir ses yeux bleus, froids comme la glace, qui me fixèrent alors qu'elle m'annonçait que je n'aurais finalement droit qu'à cinq minutes de présentation.

Après quelques habiles compliments qui ne semblèrent pas l'attendrir, je la questionnais sur l'attitude des joueurs de retour au club house en fin de partie. Ils devaient boire un verre pour fêter un dix-huit trous réalisés juste au-dessus du par ou encore pour solenniser une approche spectaculaire offrant pour la première fois un birdie au joueur assidu. Dans ce genre de sport, les prétextes à lever le verre ne manquent pas ! Elle m'expliqua qu'au-delà des consommations classiques et des cocktails maison, le champagne résonnait fréquemment aux vibrations des aficionados. Elle en avait déjà trois marques différentes. Je m'enquis enfin de la marque la plus fréquemment sélectionnée pour célébrer une victoire. Il s'agissait d'une cuvée « prestige » de la marque Korbel. Ce « champagne assimilé », l'appellation étant exclusivement réservée aux bouteilles produites dans la région champenoise, était une pâle imitation et n'avait aucun raffinement. D'un jaune paille sans éclat, il avait un nez pâte de coing assez suave au lieu des délicats parfums de tilleuls et de fleurs blanches que l'on retrouve fréquemment dans les belles maisons. En bouche, l'expérience était pire, puisqu'au lieu d'une vive finesse avec une belle longueur, on butait sur une gourmandise trop sucrée, rapidement écœurante. Cependant, il était produit à trente kilomètres et semblait être le choix évident.

Je m'enquis ensuite du coût de l'abonnement pour adhérer à leur prestigieux club. Très fière d'elle-même et de son établissement, elle me répondit qu'il en coûtait non seulement 300 000 $ par an, mais que les cartes de membre n'étaient délivrées qu'après un long processus de parrainage sélectif. Dès lors, je me lançais adroitement dans une explication implacable qui amenait à considérer sans équivoque qu'un joueur souhaitant célébrer ses exploits commanderait le meilleur champagne de l'établissement sans se soucier du prix. Ou plutôt si, en se souciant que le prix ne soit accessible qu'à certains des joueurs les plus opulents. Nous arrivâmes donc à la présentation du flacon, car à ce niveau de prix, on n'appelle plus cela une bouteille. Le coffret en carton épais s'ouvrait sur un fond blanc, à la texture presque satinée, qui faisait ressortir comme un écrin le cru millésimé de la maison Dampierre. Comble du raffinement, le bouchon était muselé avec une ficelle de chanvre à trois brins poissés, comme le stipulait l'ordonnance royale de

Louis XV en 1735. La maison du comte Auduoin de Dampierre s'enorgueillit ostensiblement d'avoir été la première à renouer avec cette tradition monarchiste. Enfin, la dernière carte dans ma manche pour sécuriser la vente était la présence d'un petit ciseau doré, reposant à proximité du goulot, pour rompre le brin de retenue.

De toute évidence, cette avalanche de marketing clinquant fit son effet et la manager hautaine se saisit de la bouteille, admirative. Sans s'en rendre compte, elle venait de déclencher, seule, l'acte de vente. Après de banales questions administratives et logistiques pour se redonner un peu de prestance et remettre un peu de distance, elle demanda à goûter. Cela m'était malheureusement interdit et il me fallait conclure la vente concomitamment au retour intact de l'échantillon. Aussi je me levai sans hâte en lui ôtant le flacon des mains avec toute la délicatesse qu'il se doit, tel un bijoutier offensé à qui on aurait contesté la pureté de son plus beau diamant. Tout en glissant le coffret dans mon sac, je me levai et lui expliquai froidement qu'un millésimé de chez Dampierre ne se déguste pas en simple rendez-vous commercial. Décontenancée, sans pour autant paraître offensée, elle me pria de me rasseoir pour discuter des conditions. On pouvait lire dans ses yeux l'envie irrésistible de faire figurer cette prestigieuse maison champenoise dans sa wine list. Ou plutôt d'acquérir cette bouteille dispendieuse et rutilante qui lui vaudrait, à coup sûr, de bons mots de sa direction et des membres du club.

Nous vendions cette référence à l'unité, fait rare dans le monde du vin où le colis classique contient 6 bouteilles. Mais le prix exorbitant de cette grande cuvée et son coffret aux dimensions imposantes limitaient la vente à un seul item. J'étais en train de réfléchir à un subterfuge face à cette contrainte limitante liée au conditionnement, lorsqu'elle m'annonça crânement qu'elle se portait acquéreuse d'une bouteille. En réalité, si je fondais de sérieux espoirs sur une vente sans dégustation, je réalisai alors que je ne m'étais pas vraiment préparé à ce que cela survienne réellement. Au lieu d'en être satisfait et heureux, je me trouvais frustré d'entre être réduit à une vente unitaire alors que le potentiel était bien plus important. Comme un joueur de poker, je tentai un nouveau coup de bluff. Mais il était de taille, il ne s'agissait plus de faire acheter une bouteille hors de prix, mais un colis de 6 coffrets.

Si je me montrais hésitant, elle risquait de ne pas me prendre au sérieux. Alors, avec aplomb et affichant un air suffisant, je ressortis la même rengaine hautaine visant à discréditer quiconque oserait douter des conditions commerciales encadrant la cession de ce produit en lot. Nous ne vendions pas aux particuliers, mais bien à des professionnels constituant du stock pour satisfaire le besoin de clients multiples. La bataille fut féroce, car l'engagement dépassait vraisemblablement ses prérogatives. Je fus tenté de céder lorsque la vente sembla s'envoler. Je m'apprêtais à lui faire une offre exceptionnelle, à savoir diviser de moitié le contenu de la caisse pour qu'elle puisse n'acheter que 3 bouteilles, mais, me ravisant, je renchéris de plus belle, sûr de moi. Assurément, elle allait vendre les 3 premières bouteilles en un éclair, elle qui connaissait si bien ses clients les mieux lotis. Le risque était faible et mesuré, j'en venais même à remettre en cause le multiple de six en expliquant le cas d'un client qui n'avait pas pu assurer le service jusqu'au bout de la soirée pour une large tablée. Effrayée à l'évocation d'un montant encore supérieur, elle sembla soudain chanceler, mais finalement légèrement penaude elle signa le bon de commande pour 6 bouteilles !

***

Cette expérience de vente dans les vins m'avait durablement servi, et désormais implanté plus au sud de la Californie, je m'attachais à faire démarrer ma propre affaire. Nos conditions d'installation étaient spartiates. Nous avions loué un bureau de huit mètres carrés, sans fenêtre, avec mon associé, dans ce quartier huppé de Los Angeles proche de la plage et de nos logements respectifs. Lui dans un appartement cossu, moi et mon amie, Lili, dans un petit baraquement divisé en trois, dont nous occupions une cellule de 17 mètres carrés ouverte sur une terrasse d'une dizaine de mètres carrés. Le logement était exigu et rudimentaire, mais nous pouvions aller à la plage à pied, ce qui représentait un luxe absolu. Nous y habitâmes pendant 4 ans, jusqu'à ce que policiers en tout genre avec hélicoptères viennent arrêter les trafiquants de crack de la cellule voisine après une énième altercation haute en couleur !

Notre vie personnelle était passionnante. Lili et moi rencontrions de nombreuses personnes encore à l'aube de leur vie, sans cesse en quête d'expériences, d'aventures. Notre énergie de groupe était rayonnante et chaque soirée, chaque week-end était l'occasion de retrouvailles animées. Nous avions par exemple pour habitude de nous retrouver au « farmers market » de Santa Monica. Ce lieu commerçant était un savoureux mélange d'utilité et de futilité. Nous y allions, sifflotant, pour acheter nos produits locaux et biologiques.

Panier sous le bras, sûr de notre gain et embrassant la communauté locale, nous étions des consomm'acteurs comme aiment désormais à le répéter certaines enseignes.

Pourtant une autre mélodie murmurait à nos oreilles. Une envie d'appartenance à ce groupe de gens heureux, fréquentant ce lieu, épanouis dans leurs vies, aspirant à un monde où rien ne semblait inatteignable. Emportés dans cette spirale harmonieuse, nous refaisions le monde sur les carrés d'herbes fraîches soigneusement arrosés et tondus par une mairie grassement dotée. Les heures passaient et nous apportions notre crêpe, achetée à grands frais, au stand arborant un drapeau français, sur la plage pour déjeuner au milieu d'un groupe plus ou moins homogène. Les barrières qui rendent difficile l'approche de l'autre n'existent pas comme en Europe. L'ouverture à l'inconnu est d'une simplicité déconcertante. Dès lors, chaque ami d'ami devient rapidement un ami ! Nous découvrirons plus tard l'envers du décor et la frustration que peut provoquer chez un Français la résistance pour accéder à une relation plus intime.

Pour l'heure, la vie s'écoulait paisiblement dans une communauté tellement hétéroclite qu'il n'était pas rare de se retrouver autour d'un BBQ à plus de 15 nationalités différentes. La barrière professionnelle n'existait pas non plus et les cohortes que nous formions étaient étanches aux grades que chacun avait dans sa propre activité. Les serveurs aspirants acteurs, nombreux dans cette ville, fréquentaient les vice-présidents du marketing ou les chercheurs de la Nasa. Aussi notre situation précaire avec Lili ne fut jamais discriminante.

***

Ce matin-là, dans le bureau exigu d'Euclid blvd à North Santa Monica, l'horloge affiche désormais 7 am. Il est l'heure de trouver un nouveau subterfuge pour doper les ventes de pots de sel rose de l'Himalaya. Nous avons commencé à distribuer cet article depuis quelques mois. Les retours sont plutôt bons. L'histoire romancée de l'extraction du sel sur les contreforts de l'Himalaya, transportée ensuite à dos de Yak dans les montagnes attirait le chaland. Les bénéfices santé de ce sel riche en fer et en minéraux faisaient le reste et permettaient de faire passer la pilule du prix.

Et si je confectionnais un présentoir ? De toute évidence, la théâtralisation en magasin de ce produit aidera à en vendre plus. Il me reste à improviser, car je veux tenter la vente du présentoir pour ce matin même. Ma soif d'immédiateté fut parfois un travers dans ma carrière, mais dans les jeunes aventures entrepreneuriales elle se métamorphose en débrouillardise et permet de gagner de précieuses semaines.

Je prends donc ma voiture et me lance en direction d'Ikea pour trouver un petit meuble pas cher qui pourrait faire l'affaire. À sept heures trente, la circulation est déjà dense à Santa Monica.

Dans l'immense magasin à sens unique, je repère finalement dans la section des articles retournés ou défectueux, une petite table basse noire de 50 cm par 50 cm. Elle est bradée au quart de son prix pour un pied rayé sur 10 centimètres. Je l'embarque immédiatement et la charge dans le coffre avec les colis de sel prêts à livrer si la commande est signée.

Arrivé sur le parking gigantesque du premier arrêt de ma tournée, je scrute les gens. Ils errent sur le parking allant de leur voiture au caddie, du caddie au magasin, du magasin à la voiture. Ils me semblent tout à coup tellement innocents, presque victimes. Aucun d'entre eux ne se doute que les négociations, les ventes en promotion ou encore les démonstratrices participeront activement à remplir leur cabas au-delà de leur volonté initiale et avec un mix de produits très différents que celui auquel ils aspiraient en arrivant. Rares sont ceux qui ne remplissent leur caddie qu'avec la seule liste manuscrite dûment préparée à la maison. La mise en scène des articles propulse indubitablement les marchandises sous leurs yeux pantois, gonflant malicieusement leurs prévisions d'achat. La stratégie de mise en avant des enseignes prend souvent le dessus sur la propre volonté de leurs clients. Et personne, jamais personne n'ose s'insurger contre cette conspiration rémanente, et ce depuis l'ouverture en 1930 du premier supermarché à New York par Mickael J Cullen qui marquera l'avènement de la future « grande distribution ». Je ne suis pas vendeur depuis très longtemps, mais déjà des questions d'éthique semblent s'immiscer dans les limbes de ma conscience.

Soudain, je me ressaisis. Je suis tout de même devant le grand magasin Bio : Whole Foods market. Les fondateurs de cette enseigne dominent le marché américain de la distribution spécialisée. Ils sont d'anciens membres de ces communautés hippies formées dans les années 70. Leurs folles chevauchées les avaient finalement amenés à se poser et à regrouper les fruits et légumes de leurs amis dans un magasin résolument engagé, tourné vers le respect de la nature et des méthodes de culture. La mode avait rattrapé leurs convictions et les avait propulsés à la tête d'un empire de magasins de produits biologiques. Malgré cela, ils avaient réussi à maintenir une atmosphère décalée, ouverte et rebelle dans leurs points de vente.

Les salariés sont hautement considérés et jouent chacun un rôle important pour le magasin. Ils en sont conscients et les managers comptent réciproquement sur eux. Bien en amont des tendances actuelles, ces « team-members », valorisés rien que par ce titre, sont pour la plupart issus de communautés discriminées. Rastafaris, tatoués de la tête aux pieds, LGBT ou encore personnes handicapées remplissent les rayons et encaissent les clients avec un sourire épanoui et reconnaissant. J'eus la chance de rencontrer John Mackey et Walter Robb, les deux bâtisseurs de cette affaire vertueuse à différentes occasions. Leurs problématiques étaient malheureusement d'un autre ordre 20 ans après le début de leurs aventures. Ils n'étaient même pas sûrs de pouvoir rester à la tête de ce qu'ils avaient créé tant le besoin en financement était important. Malheureusement, ce ne sont pas toujours les plus méritants qui sont les plus riches. Bien plus tard, en 2017, l'annonce de la vente de cette enseigne à Amazon me glaça le sang pendant plusieurs semaines. Je sentis muter la belle alternative idéaliste vers une opportunité économique de concentration. Au passage, un pan de ma carrière s'écroulait. J'avais visité 182 Whole Foods Market à travers les États-Unis. Encore aujourd'hui, l'évocation d'une ville ou d'un État me renvoie l'image de tel ou tel magasin.

Pour l'heure, je suis à l'intérieur de ce bâtiment boisé au style 70' résolument new age. Je retrouve l'acheteur du rayon épicerie en train de vider un carton de conserves d'artichauts biologiques du Mexique. Rapidement, je lui explique mon projet de théâtralisation qui permettrait à son magasin de se démarquer tout en respectant la naturalité de ce produit exotique et bienfaiteur.

Ma première rencontre avec lui avait été centrée autour du produit, il s'était laissé captiver par son histoire pittoresque et ses vertus alléchantes. Mon projet est aujourd'hui de le convaincre de partager cette légende au plus grand nombre en empilant des pots par dizaine sur la petite table en bois près du rayon boucherie pour inspirer une association gourmande. La conversation dure 30 minutes, la quantité lui semble démesurée au regard de ses ventes de sel habituelles. Finalement, il signe mon bon de commande pour 10 caisses complètes de sel rose et m'autorise à venir réaliser ma pyramide de sel rose sur-le-champ ! La journée commence bien et laisse entrevoir de belles perspectives de vente dans les autres points de vente de ma tournée.

Dès le lendemain, je commande 10 tables chez Ikea et prépare la tournée « pyramide » à venir en créant un flyer sur lequel trône la photo de la pyramide mise en place la veille. Le subterfuge commercial imaginé a fonctionné au-delà de mes espérances et participera largement à grossir notre chiffre d'affaires en diffusant ce beau produit.

***

Ces scènes de vente et ces artifices commerciaux ont jalonné le début de mon parcours professionnel. Je resterai 9 ans aux États-Unis, dont 8 ans comme co-fondateur d'une entreprise agroalimentaire spécialisée dans les produits bio « fonctionnels » comme le sel rose de l'Himalaya ou encore les baies de goji. La première année s'était déroulée dans l'entreprise d'importation de produits gourmets et de vins à San Francisco.

Ces années furent riches en enseignements. Je passais régulièrement par des pics d'euphories intimement liés au succès de la société. Ils m'aidèrent à tenir, à résister à la fatigue. Si ma vie personnelle était épanouie, jouissant à chaque instant de la fraîcheur de mes vingt ans, ma vie professionnelle était chaque jour plus harassante.

Au bout de 3 ans d'un rythme effréné, un médecin me somma d'arrêter immédiatement le café, mais surtout les whiskeys pour éviter un accident cardiaque imminent. Ces verres n'étaient pas des remontants de soirées, mais des doses nécessaires à faire retomber la pression et à contrecarrer les 5 ou 6 mugs de café avalés tout au long de la journée. Je ressens encore le goût tourbé de cet alcool jaune pâle pour les plus clairs à ambré pour les plus foncés aux reflets dorés, cuivrés, parfois rougeâtres. Que ces gorgées étaient agréables ! L'anesthésie quasi instantanée procurée par le taux alcoolique dissipait les relents du palais pour faire place à des notes bien spécifiques et variées. J'aimais sentir cette bouche crémeuse et généreuse aux accents de fruits mûrs et d'épices ou alors cette tourbe amère, douce et chaude. Le whisky est certainement l'eau-de-vie qui possède la palette aromatique la plus large et se perdre dans les méandres de ses arômes fut un souvenir des plus agréables.

Malheureusement, les matins étaient aussi violents que les soirs étaient doucereux et apaisants. Seuls les cafés successifs me permettaient d'émerger d'une épaisse bulle opaque. C'était le traitement requis pour l'entrepreneuriat à l'américaine et les horaires allaient de pair 6 jours par semaine : 5 h – 22 h. Certains de mes amis avaient les mêmes habitudes. Cette façon de travailler devenait encore plus violente lorsque les déplacements en avion se faisaient impérieux pour conquérir les autres états. Le décalage horaire et les protocoles sécuritaires usants des aéroports finissaient par mixer les tableaux. L'emprise du café sur la fatigue, du remontant sur le stress finissaient par déconnecter le corps d'un rythme somatique naturel et réparateur.

Si j'arrêtais quelques années plus tard le café/whiskey, la pression du travail continua malgré tout à peser fortement sur mon organisme. En fin de compte, 7 ans après le début de cette aventure, un premier malaise vagal suivi rapidement par d'autres finit par avoir raison du rythme effréné que j'avais adopté. Il est bouleversant de se sentir partir en plein restaurant à 20 h et de s'effondrer tout en vomissant à la table de ses proches amis. Ce soir-là, victime de mon premier évanouissement, je rentrai une fois de plus de la côte Est. Le décalage horaire m'avait permis d'être présent pour le dîner, ce qui se faisait rare. Mon corps ne supporta pas que je fusse parti la veille à 22 h 30 pour arriver à 6 h 30 du matin à New York et que je reparte à 16 h 30 le même jour pour arriver au restaurant à 19 h 30.

Si l'excès me poussa vers des heures un peu ternes, l'excitation et l'aventure rythmèrent mes presque 10 ans aux États-Unis. L'aventure y était quotidienne. Les rencontres avec la population jeune, immigrée de toutes les parties du monde furent enivrantes. Chaque déplacement fut l'occasion de confronter mes principes, mes enseignements à une réalité de terrain qui criait souvent une autre vérité. Ma vie quotidienne fut une formidable étude anthropologique dans laquelle je jouais à tour de rôle le cobaye et l'observateur. Le monde de la bio, que j'avais progressivement embrassé, favorisait une approche communautaire qui était propice à la rencontre. L'ardeur que tous ces gens différents mettaient en œuvre pour changer les habitudes alimentaires était contagieuse, envoûtante. J'ai aimé me laisser entraîner dans la spirale positive des « believers », ceux qui croient que l'avenir sera vert et qui agissent dans ce sens. J'aurais beaucoup aimé vivre les heures bienheureuses des communautés hippies des années 70, lorsque ne prévalaient que l'aventure et la vie insouciante, respectueuse des hommes et de la nature.

***

Finalement, notre aventure américaine se conclut assez sommairement. Lili et moi étions désormais mariés. Tandis qu'elle attendait notre premier enfant, elle me posa un ultimatum salutaire. Nous partions habiter en Chine comme nous en avions convenu quelques années auparavant ou à défaut nous quittions Los Angeles. Le temps avait passé et les 5 ans dans cette mégalopole très surfaite lui semblaient longs. Si je reconnais volontiers avoir été régulièrement agacé par cette ville du « paraître », la pression n'était pas aussi forte pour moi qui n'y vivais que lorsque je n'étais pas en déplacement, c'est-à-dire un petit quart de temps. Par ailleurs, nos amis de tous les pays du monde avaient fini par repartir ou par changer, eux aussi, de ville et la solitude commençait à lui peser. Enfin, c'était surtout le dernier recours qu'elle avait trouvé pour m'éloigner de mon bureau et me ramener à une vie plus raisonnable.

Après de longues discussions avec elle et mon associé, je finis par faire accepter aux deux un déménagement à San Francisco. Nous y avions des amis, j'y avais habité pendant un an et ça n'était qu'à 1 heure d'avion de Los Angeles, autant dire rien du tout ! Nous émigrâmes donc à son septième mois de grossesse et elle donna naissance à Camille notre fille aînée qui devint dès lors américaine, le droit du sol primant dans ce pays. Elle était également française, le droit du sang primant dans notre pays d'origine.

Nous avons rapidement réinventé une nouvelle vie. L'éloignement du siège de l'entreprise et le ralentissement des voyages pour participer à la vie familiale me permirent de retrouver un équilibre plus sain. J'avais un bureau dans un immeuble en brique d'un ancien quartier industriel de San Francisco, le dog patch district. Les années 2000 n'étaient pas très loin et les cellules commerciales regorgeaient de start-up aux idées plus révolutionnaires les unes que les autres. Mais dans cet arrondissement encore populaire, les idées révolutionnaires étaient souvent tournées vers les autres et vers la nature, tandis que la Silicon Valley voisine regorgeait de projets financiers aux algorithmes prometteurs pour une prochaine introduction boursière. Je fis la connaissance des fondateurs d'Alter Éco USA, qui s'engageaient chaque jour dans le développement du commerce équitable. Ils préfinançaient les récoltes de leurs coopératives, travaillaient sans relâche sur des packagings plus vertueux, moins polluants. Leur modèle d'entreprise était périlleux et à la limite de l'associatif. Ils participèrent activement à élargir ma vision de la bio avec une prise en compte plus large des parties prenantes et de la planète.

Au fur et à mesure que mes convictions s'ancraient, je m'éloignais de mon associé, plus terre à terre, ayant un rapport à l'argent particulier, souvent au détriment de valeurs essentielles. Malgré tout, l'entreprise se développait, et en 2008, pour la première année, nous avions des revenus nous permettant un certain confort et un rythme de travail qui laissait la part belle aux escapades. Nous attendions un second enfant sereinement et pour la première fois depuis 10 ans le ciel n'avait pas de nuage…

C'est alors que mon père tomba malade. Lui qui n'avait jamais fumé, bu, abusé de quoi que ce soit et qui avait toujours été un modèle en matière de condition physique fut atteint par un cancer. Une tumeur au cerveau dont le développement ne laissait pas d'espoir selon les spécialistes du sujet.

Notre deuxième fille, Malou, arriva au mois de juillet 2009. Quelques semaines plus tard, nous prîmes la décision de quitter les États-Unis avant la fin de l'année, pour nous rapprocher de ma famille meurtrie.

1 mois et demi plus tard, mon père nous quittait à 57 ans laissant ma mère et mes 4 sœurs, inconsolables, dans un chagrin cruel.

Il nous fallut seulement deux mois pour mettre fin à 10 ans d'une vie bourgeonnante qui venait tout juste d'éclore. Mon associé ne me fit pas de cadeau et me laissa partir en retenant pour lui toute la valeur du fruit de nos efforts communs. Nous arrivâmes donc en Europe comme nous l'avions quittée, sans le sou ; mais riches de nombreux apprentissages et d'une nouvelle façon de voir les choses.

***

Devant mon ordinateur, un soir, j'entamai la rédaction de mon curriculum vitae. Je me remémorais mes quelques entretiens d'embauche à Paris, lorsqu'à la fin de mon école de commerce, il était l'heure pour beaucoup de trouver un stage. Mes échéances de prêt étudiant m'orientaient plutôt vers une recherche emploi.

J'avais finalement été retenu dans un cabinet-conseil après 3 entretiens, dont un, psychologique, assez loquace. Je devais répondre à des questions saugrenues lors d'une promenade en forêt imaginaire. Quel animal voyais-je ? comment allais-je franchir l'obstacle qui se dressait soudain devant moi ? Juste avant la signature du contrat je fus convoqué par la directrice des ressources humaines qui me présenta une grille dans laquelle était étalonné mon parcours à venir au sein de leur société. Les promotions d'un côté, les années de l'autre. Elle en faisait la réclame, m'alléchant avec les gratifications futures. Je crois que je n'ai jamais rien vu d'aussi effrayant que de s'entendre expliquer de quoi sera fait son propre destin par un inconnu. C'est tout l'inverse de l'expression fréquemment utilisée et abusée outre-Atlantique : « Sky is the limit ». Je ne remettrai jamais les pieds dans ce cabinet. Je n'aurai jamais l'assurance d'une voiture de fonction dernier cri ni des bonus alléchants, je ne passerai pas par la case départ pour collecter 20 000 francs… Bref, jamais je ne signai ce contrat et je retins à la place l'offre d'une entreprise de produits gourmets à San Francisco qui m'avait été proposé par l'un des contacts que j'avais noués lors d'un précédent voyage. Cette proposition ne comportait qu'un maigre salaire fixe de 500 $, le reste était fait de commission à atteindre sur objectif.

En me remémorant cet épisode, j'abandonnais mon élan salarial me sachant incapable de me projeter dans ce scénario. Finalement, il me sembla plus simple de créer une nouvelle entreprise pour embrasser tout ce qui bouillonnait en moi.

Le 9 décembre 2009, Biogroupe était née.

Chapitre 2
Le nouvel horizon

Lily, Camille, Malou qui n'avait pas encore trois mois et moi-même décidons d'habiter à Bruxelles. Nous n'y avions jamais mis les pieds, ne connaissions personne sur place et n'avions d'autres idées sur cette capitale que sa proximité avec Paris. Après le décès de mon père, il me fallait trouver une ville proche de Paris pour entourer ma mère sans tomber dans la trop grande proximité qui aurait pu être… étouffante. Cependant, j'anticipais l'ouverture d'un bureau à Paris, car l'entreprise Biogroupe serait française. L'organisation serait donc la suivante : nous habiterions à Bruxelles et je ferais l'aller-retour à Paris presque tous les jours. Le trajet en Thalys d'une heure et vingt minutes rendait cela possible et je me laissai la possibilité de dormir en France de temps à autre si le travail le nécessitait.

Le schéma semblait simple, pourtant la peur me guettait. Après 10 ans d'expatriation, c'est étonnant comme le retour peut paraître effroyable. Sans doute représente-t-il une forme d'échec. C'est, à n'en pas douter, un retour en arrière. Ce retour était d'autant plus vif que notre départ vers le Nouveau Monde avait symbolisé notre entrée dans la vie active. Nous n'étions qu'étudiants en France, toujours rattachés administrativement à nos parents. Nous avions pris le parti de nous lancer dans le monde de l'entreprise et de conquérir notre autonomie, surmontant les barrières inévitables de la vie les unes après les autres sans cette proximité familiale si rassurante. L'océan qui nous séparait de nos foyers respectifs nous avait fait créer un monde bien à nous. Désormais, notre cellule familiale se réduisait à nos seuls enfants. Nous n'avions pas cette possibilité de graviter autour d'un noyau central aux abords duquel règne généralement une candeur rassurante. Un point de chute bien à soi vers lequel on peut toujours revenir lorsque les embûches de la vie sèment des pièges dont il est difficile de sortir tout seul.

Les barrières administratives que l'on observe de chez soi, à travers les médias, ne semblent concerner que les immigrants, demandeurs d'asile ou autres hors-la-loi. À l'étranger, toute cette paperasserie, cette longueur bureaucratique devient votre lot. Elle exige une énergie, une patience et des fonds conséquents. Il faut repasser un permis de conduire, convaincre des banques que malgré votre statut d'immigrant temporaire vous méritez un chéquier, sans lequel personne ne vous loue d'appartement. Toutes ces démarches ajoutées à un tissu social complètement vierge à construire et dénouées des traditionnels recoupements de contacts vous procurent progressivement un statut qu'il vous semble avoir mérité. Ce statut est un mélange de reconnaissance, de semi-appartenance à une nouvelle patrie et dans tous les cas un échelon ou deux au-dessus de celui de simple voyageur longue durée. C'est d'ailleurs étrange d'observer à quel point certains regardent avec méfiance et jalousie leurs compatriotes arrivés après eux entrer progressivement dans ce cercle restreint. Le retour d'une expatriation est un chemin de croix à l'envers. Un enfer de formalités et de contraintes. De plus, on éprouve soudainement le sentiment de n'appartenir à aucun pays pendant la période transitoire. Si je chéris la liberté sans contrainte, le fait de se sentir apatride vous met dans un état de stress redoutable.

La liberté qu'offrit cette expatriation aux États-Unis fut immense. Deux aspects majeurs donnaient vie à cette latitude absolue : l'absence du carcan sociétal traditionnel et le statut « non-résident-alien » vis-à-vis de l'état américain (étranger non-résident) qui nous autorisait à vivre dans le pays sans participer à la vie publique.

L'école, la famille, les amis participent à l'éducation au sens large des enfants. Si la théorie veut que la diversité de ces sources d'apprentissage permette de construire une société hétéroclite dans laquelle chacun s'exprime en tant qu'être de son plein gré, la réalité est souvent plus contrastée. Le carcan sociétal auquel je fais référence est constitué par l'ensemble des toiles tissées par les différents groupes. Ces dernières limitent le périmètre, ramènent inlassablement l'enfant vers un milieu dont il ne s'extirpe que très rarement. Et pour cause, l'école est généralement proche du lieu d'habitation, lieu lui-même déterminé par les parents et leurs milieux sociaux professionnels. Le choix d'un établissement privé ou public restreint encore plus les possibilités d'un brassage républicain. Les amitiés se tissent alors au sein de l'établissement scolaire en question et sont complétées par les enfants des amis des parents. Dès lors, le joug de notre cellule familiale prend le pas sur l'acte imaginaire de socialisation ouvert et hétéroclite.

De l'autre côté de l'Atlantique, nous ressentîmes très fortement cette liberté liée à l'absence totale de contraintes sociales. Tout dans ce nouveau pays était à notre portée. S'il nous avait plu de nous lier d'amitié avec un gangster, un intellectuel radical extrémiste ou une bande de libertins exhibitionnistes, nous aurions eu la possibilité de le faire sans risquer de réprimandes, de regards ou de jugements. Nous aurions pu être des drag-queens exerçant dans les bas-fonds d'un club populaire de Los Angeles et rentrer en France une fois par an sans en laisser paraître la moindre trace.

Notre vie fut à inventer. Nous prenions un plaisir incommensurable à franchir toutes les limites, à ne laisser aucune porte entrouverte. Lili, beaucoup plus téméraire que moi, me poussa à m'ouvrir aux plaisirs de l'interdit. Ces expériences inédites pénétrèrent en nous comme une drogue dont nous ne fûmes jamais rassasiés. Elles contribuèrent à ouvrir nos horizons et à nous faire avancer sans tenir compte des limites d'un cadre sociétal. Il est certain que cette insatiable curiosité scella Biogroupe dans son fondement.

La confrontation avec ce Nouveau Monde, différent du nôtre en tout point, nous poussa vers une quête, une envie permanente de plonger vers l'inconnu. Un des nombreux exemples qui illustra notre appétit vorace de découverte fut un voyage improvisé au Mexique. Le mot improvisé prendra tout son sens pendant cette courte épopée. Il résonna à l'époque comme un nouvel état d'esprit, un nouvel élan qui sonnait comme une revanche sur le carcan communautaire sans doute trop pesant pendant toute la première partie de notre vie.

***

Le droit du travail américain n'offre pas beaucoup de congés. La règle est de deux semaines par an pour les premières années puis de trois semaines par an par la suite. Fort heureusement, quelques jours chômés viennent offrir des poches de respiration au cours de l'année. C'est à l'occasion d'une de ces opportunités que nous décidons avec Lili de partir à la découverte du Mexique et plus précisément de la Baja California. Cette péninsule s'étend de San Diego à Cabo San Lucas sur plus de 1500 kilomètres. Nous mettons donc le cap vers Santa Rosalia, ville indiquée sur la carte comme étant à mi-parcours de cette avancée de terre sur le Pacifique. L'aller-retour depuis Los Angeles représentait 2500 kilomètres soit 7 bonnes heures de route quotidienne pendant trois jours. Après avoir emporté nos passeports, du liquide soigneusement dissimulé sous un des sièges de la voiture, des vivres et le matériel pour camper nous nous mettons en route pour cette aventure dont seul l'itinéraire était planifié.

Quelle joie de rouler, fenêtres ouvertes, en sentant le vent chaud des terres arides le long de l'autoroute numéro cinq ! Les quelques bourrasques d'une brise maritime du Pacifique, dont nous longeons le rivage, sont les bienvenues et rendent à peu près supportable la température pesante dans ce vieux break dépourvu de climatisation. L'Audi A4 de 1990 avec déjà 250 000 km au compteur nous avait coûté 700 $. Nous n'étions pas démunis, mais nos revenus à cette période plafonnaient autour de 1300 $ à nous deux et nous entamions la deuxième année à même le sol sur notre matelas de camping gonflable double que nous garderons 4 ans au final. Pour notre week-end, il se révélait être bien pratique puisqu'il tapissait toute la surface du coffre une fois les sièges baissés et nous procurait un lit confortable, en tous cas pas plus inconfortable qu'à la maison !

Nous arrivons rapidement à la frontière et après l'entrée dans Tijuana nous prenons conscience que la sécurité n'est pas un des aspects que nous avons anticipés. Des gangs aux allures patibulaires, des devantures vandalisées et des individus exhibant ostensiblement leurs armes apparaissent sous nos yeux. C'est donc le ventre noué par l'appréhension que nous traversons cette ville, centre névralgique des trafics frontaliers en tout genre.

Nous comptions nous y arrêter pour déjeuner, mais ce sont les vitres remontées et les portes verrouillées que nous descendons dans un village plus au sud nous repaître dans un restaurant de fruits de mer. Les prix du menu semblent être fonction de la clientèle. Malgré notre carriole défraîchie assez couleur locale la note est plus salée pour le couple de blancs que nous sommes s'exprimant de surcroît dans une langue inconnue.

Le reste de la route est plutôt calme ce soir-là et à la nuit tombante nous nous arrêtons sur le parking d'une station-service plantée au milieu de nulle part. La nuit réparatrice m'éveille à l'aube et je décide d'enjamber le mur d'enceinte pour uriner face au désert rocailleux jonché d'arbustes et de cactus épars qui s'étend devant moi. Bien avant que je termine mon affaire j'entends des grognements sourds face à moi. Je distingue alors rapidement dans la pénombre du jour encore naissant des yeux de chiens sauvages ou de coyotes décidés à s'élancer sur moi. C'est donc braguette ouverte et mains à la ceinture que je me précipite vers le mur. Grâce à l'élan, la peur et l'accroche ferme de l'arrête, je réussis à me hisser sur le mur d'un mètre cinquante qui me séparait de la station-service et donc de ma voiture. Une fois descendu de ce promontoire salvateur, sans même me retourner, je cours vers notre break, allume le contact et emmène Lili, encore endormie à l'arrière, loin de cette faune belliqueuse.

Le deuxième jour est marqué par des contrôles militaires fréquents dans une zone qui, nous l'apprenons, est une route stratégique pour les cartels de la drogue vers la frontière américaine.

Le premier contrôle est brutal et impressionnant. 6 ou 7 militaires regroupés autour d'un pick-up aux couleurs officielles du pays nous barrent la route, fusil automatique au bras. Ils parlent d'un ton menaçant et demandent à voir nos papiers. Nous ne les lâchons pas, leur laissant seulement la possibilité de les consulter. Nous savions que laisser partir les passeports est à coup sûr le meilleur moyen de se retrouver en fâcheuse position. L'échange se tend et nous sommes finalement sommés de sortir de la voiture. Lili, parlant couramment l'espagnol, et toujours plus téméraire que moi, prend les devants.

L'effet est immédiat et les traits de nos gardes armés se détendent, laissant entrevoir une issue heureuse à cet arrêt forcé. Les échanges tournent autour du football et de Zinedine Zidane. La coupe du monde n'est pas loin et fort heureusement notre équipe jouit d'une belle réputation au Mexique. Nonobstant cette embellie, ils réclament un dû et nous empêchent de repartir. À cet instant, Lili que je n'avais pas vue s'éloigner, ressort de la voiture avec une boîte de pastilles à la menthe. Je me rappellerai souvent ce moment tant il était décalé, intense et absurde. Eux qui cherchaient du liquide ou des bidons d'essence, fréquemment accrochés à l'arrière des 4x4 américains pour remplir leurs quads ou leurs jet skis se voient proposer comme butin une malheureuse boîte contenant une poignée de pastilles mentholées. Je me prépare au pire et me rapproche de Lili pour lui faire part de l'incongruité de son offre et lui proposer de sortir quelques billets. Pourtant l'un des barbouzes approche sa main pour prendre la boîte et fait un geste de dépit en direction des autres signifiant qu'il se contenterait de ce maigre butin. Je n'en crois pas mes yeux. Mais là, Lili lui repousse la main et lui explique alors qu'il n'aura le droit qu'à une seule pastille, tout comme ses collègues s'ils tendent eux aussi la main. C'est surréaliste, je fulmine de colère face à cette nouvelle prise de risque inutile. Elle a pourtant gagné. Résignés et dociles, ils viennent un à un lui présenter leur paume de main pour récupérer une pastille. Les rôles sont inversés, elle les a littéralement retournés. De nouveau assis dans la voiture et alors que le poste de contrôle n'est plus qu'un point dans le rétroviseur, je lui demande pourquoi elle n'a pas donné la boîte. Elle me répond calmement qu'il y aura, à n'en pas douter, d'autres contrôles…

On dit souvent que derrière chaque grand homme il y a une femme. Je pris conscience pour ma part que derrière chaque grande femme, il y a un homme !

Nous venons de passer un dernier contrôle de nuit particulièrement impressionnant. Un grand feu faisait danser des ombres sur les visages saillants des jeunes recrues et projetait un jeu de lumière sur les armes et les uniformes rendant leur présence plus menaçante. Nous prenons encore plus conscience que nous ne sommes absolument pas préparés pour ce voyage.

Malgré cela, les heures de route en compagnie de Lili sont des plus agréables. Nous parlons du futur, nous esquissons des schémas pour notre vie à venir. Ils sont remplis d'aventures, de voyages et d'enfants.

Nous dépassons un panneau en bois indiquant « gasolina » avec une flèche pointant vers les arbustes du désert. Notre réservoir affiche moins d'un quart du plein et malgré les conseils que nous avions eus sur la nécessité de remplir le réservoir dès que possible nous nous détournons de ce qui nous semble être un piège à touristes. Au bout de 30 kilomètres, notre réservoir est sur la réserve et l'absence d'indication de station-service à l'horizon nous fait faire demi-tour. De retour au panneau, une petite route sablonneuse nous conduit vers un fût métallique d'où semble sortir un simple tuyau en plastique. Nous nous garons et attendons. Un individu court sur patte et ventripotent s'approche de nous lentement, surgissant d'on ne sait où, et nous indique le tarif de son précieux liquide. Avec un réservoir à sec, la négociation est rapide. Après une rapide vérification, le carburant n'est pas du diesel. C'est heureux, pour notre véhicule à essence, car il n'y avait qu'un seul fût dans cette station artisanale ! L'accès au carburant constituera la dernière problématique majeure de ce voyage.

Nous arrivons enfin à Santa Rosalia. L'air de notre habitacle est suffocant, nous roulons depuis de trop longues heures. Dès nos premiers pas dans cet authentique village nous humons le parfum des fleurs abondantes, nos poumons se remplissent de l'air iodé de la mer qui vient lécher les pavés des voies séculaires. Le temps semble s'être arrêté dans cet endroit et l'on pourrait aisément se croire dans un western si les voitures ne rappelaient pas l'époque actuelle. Je vise une cantina et nous commande deux « Coronitas frescas ». Elles me sont tendues par des mains rugueuses, mais avenantes qui semblent nous souhaiter la bienvenue. Nos réserves d'eau sont épuisées depuis de longues heures et c'est goulûment que je vide cette petite bière de deux cent cinquante millilitres. Quel bonheur ! Ce breuvage amer légèrement sucré est bien frais. Il ouvre toutes mes papilles, mets à nouveau mes sens en éveil. Le quart de citron vert hâtivement coupé et enfoncé dans le goulot par la main généreuse apporte une acidité bien à propos qui raffermit soudainement ma glotte et le début de ma trachée semblant ainsi libérer mes voies respiratoires et mon larynx. C'est depuis ce jour la meilleure expérience de dégustation de bière qui m'ait été donnée de vivre.

Les heures défilent, nous nageons en plein bonheur, errant dans cette cité pleine de vie, nous régalant de poisson frais, relevant les lignes avec des pécheurs avenants, nous prélassant amoureusement au soleil brûlant de ce golf intérieur protégé des alizés.

Le dimanche matin, tout est remballé, il est l'heure de se mettre en route, nous avons prévu de rouler toute la journée et une bonne partie de la nuit pour être de retour au travail lundi matin. Nous arrivons à la seule station à essence de Santa Rosalia lorsque nous constatons une vive agitation aux abords des pompes. C'est la grève, nous dit-on. Ou peut-être un détournement qui sait. Les riverains semblent coutumiers du fait.

La situation est claire : il n'y a plus d'essence et le prochain convoi n'arrivera que mardi ! Pris de panique à ces mots Lili m'encourage à parler à un homme sur le bas-côté dont l'habit plus cossu laisse espérer qu'il soit de bon conseil. Elle part seule, de son côté, chercher une alternative à notre épineux problème. Rassemblant alors les vingt mots de vocabulaires espagnols que j'avais emmagasinés je m'approche du gazier bien vêtu en répétant le mot « gasolina » au sein de quelques phrases approximatives telles que « necessita la gasolina » ou encore « de donda es la gasolina ? ». Interloqué, mais vif il répète le mot gasolina et l'associe à Dinero. Flairant une opportunité inespérée je me lance dans une envolée lyrique sur notre capacité à fournir « mucho dineros » en échange de « gasolina ». À ces mots, il me somme de l'attendre et disparaît derrière le baraquement voisin.

Pendant ce temps, je cherche Lili des yeux, inquiet, me reprochant de l'avoir laissée partir. Après une dizaine de minutes, j'entends une voix m'interpeller. Je me retourne et constate avec effroi que mon interlocuteur débonnaire est désormais vêtu d'un uniforme de policier précieusement amidonné, resplendissant de galons et de décorations clinquantes. Il me fait face et me répète désormais sévèrement les mots que j'avais ressassés auparavant. Je réalise qu'il a interprété notre échange comme un acte de corruption et qu'il n'entend pas rentrer dans ces pratiques mafieuses. Il est droit et fier. La situation prend une mauvaise tournure et il m'impose désormais de rester là où je suis pendant qu'il retourne à la station de la « guardia civil ». J'en suis à me demander comment cela va se terminer lorsque Lili arrive essoufflée en me criant de démarrer rapidement la voiture. Elle a trouvé une personne prête à vendre de l'essence. Sans avoir le temps de lui expliquer ma propre situation, nous démarrons sur les chapeaux de roues pour arriver quelques minutes après à côté d'un pick-up sur lequel trône un précieux fût métallique. Nous donnons la quasi-totalité du liquide qu'il nous reste pour mettre fin à une négociation qui semble placée assez haut compte tenu de la rareté soudaine du produit. Nous remplissons tout le réservoir. Alors que nous fermons les portières et démarrons, nous ne comptons pas moins de trente véhicules alignés derrière la fourgonnette détentrice du seul bidon d'essence du village. Le retour sera sans encombre et à tour de rôle nous conduisons laissant l'autre à ses songes et pensant de concert aux multiples surprises que nous avait réservées cette merveilleuse aventure !

***

Désormais, nous sommes en Europe. Notre nouveau contexte bruxellois nous prive de la liberté absolue que nous avons connue aux États-Unis. La vie outre-Atlantique exaltante ne nous a pas laissé de marge de manœuvre financière qui nous aurait permis de nous installer en douceur dans cette nouvelle vie. Il nous faut travailler au plus vite et assumer l'éducation de nos deux jolies petites filles.

Au lieu de la ligne d'horizon sur la mer que nous avions l'habitude de contempler quotidiennement en Californie, notre regard se heurte à de sombres buildings. Bien loin de vivre une aventure, nous devons désormais organiser notre vie. Ainsi le début de l'histoire de Biogroupe va à l'encontre de mes aspirations créatrices. Aux souvenirs désormais lointains du désert mexicain filant à perte de vue s'impose une vie citadine à l'horizon limité par une architecture rigide et imposante. À l'insouciante et joyeuse pagaille des villes bigarrées d'où s'élevait souvent une musique entraînante se substitue une vie bien rangée, réglée comme une horloge.

La transition est d'autant plus abrupte que j'ai travaillé aux États-Unis jusqu'au 27 novembre 2009 pour démarrer Biogroupe le 1er décembre 2009. Tout cela était très contraint et les besoins matériels y étaient pour beaucoup. Si l'idée de faire de Biogroupe une entreprise de laquelle pourraient émaner toutes les valeurs que nous avions observées, emmagasinées et souhaité développer, l'espace-temps devant nous n'était pas suffisant pour leur laisser le temps de s'épanouir.

***

Cette première année est longue et difficile à assumer. Nous sommes le 3 février 2010, je regarde par la fenêtre du Thalys qui m'emmène vers mon bureau parisien et laisse un instant mes yeux divaguer au loin. L'horizon me semble assez terne. Les plaines picardes s'étendent inlassablement, sans bocage, laissant deviner le type de cultures intensives qui doivent y pousser. Le ciel est sombre, sans pour autant être menaçant, mais sombre. Il est gris. Un gris qui ne laisse pas de place au blanc et encore moins au bleu. Un gris qui n'annonce pas non plus une averse salvatrice ou les premières neiges. Un gris qui est un voile. Un gris comme un abat-jour occultant densément les rayons du soleil. Un gris comme un plafond tendu abaissant la hauteur de l'horizon. Un gris qui malheureusement est trop présent depuis notre arrivée à Bruxelles.

La gare du Nord est annoncée, je déploie mon vélo pliant électrique et m'élance dans la pente de la rue Lafayette qui rejoint presque directement mon bureau situé rue Saint-Lazare. La location est au rez-de-chaussée. Un appartement de 45 m^2 donnant sur une cour pavée intérieure. Les vitres semblables à des verrières se succèdent sur toute la façade permettant d'amener un peu de luminosité au fond de ce puits de lumière qui s'ouvre sur le ciel 8 étages plus haut. Une table Ikea fait office de salle de réunion, une autre de bureau. Un canapé Clic-clac m'offre la possibilité de dormir sur place.

Mes journées sont chargées. Il faut tout organiser, tout mettre en place. De la production à la vente, du marketing au packaging, de la facture à l'encaissement. Le produit est ma vraie lumière. Il symbolise un peu de ma vie passée. Nous avons mis, avec Lili, toute notre énergie à le rendre vertueux. Il est biologique, équitable, compensé en carbone et empaqueté par des personnes en situation de handicap. La bouteille négociée en Allemagne ne pèse que 220 gr et est de très loin la plus légère de sa catégorie. L'étiquette est en papier recyclé avec de l'encre végétale. Le goût n'est pas encore suffisamment rond, mais nous y travaillons. Ce produit a été mûri en conscience et nous en sommes fiers. Il porte les couleurs de la marque Karma. Cette dernière s'est imposée comme une évidence alors que nous listions toutes les valeurs que nous pourrions intégrer dans le projet. La définition de ce terme explique que les actions passées déterminent la vie présente. Chaque bonne action entraîne une autre bonne action… le cercle vertueux est en marche, nous suivrons désormais ce précepte pour impulser Biogroupe !

***

Nous avons découvert le kombucha avec Lili dans un magasin biologique iconique de San Francisco au nom évocateur : Rainbow groceries, les courses de l'arc-en-ciel ! Enceinte de 4 mois, ma femme commençait à se lasser des jus de fruits, café ou thé qui remplaçaient, dans sa condition, les traditionnels apéritifs. Dans ce capharnaüm alimentaire, les étagères hautes et dissemblables regorgeaient de mille trésors. J'ai littéralement passé des heures dans ce magasin à apprendre, à comprendre les usages des produits qui garnissaient l'endroit. Ce lieu ressemblait à une version bêta de Whole Foods Market, qui n'aurait jamais évolué, dans lequel personne n'aurait mis de marketing.

L'espace était brut, comme la majorité des employés et des produits ! Une fragrance printanière légèrement herbacée à laquelle se mêlaient des effluves puissants de camphre accueillait les clients. Cet arôme symbolique de l'influence ayurvédique émanait du rayon cosmétique où les crèmes naturelles à l'essai répandaient leurs parfums jusqu'aux caisses. Le rayon fruits et légumes était pléthorique. Le sol était jonché de déchets organiques, les feuilles de salade se mélangeaient aux fanes de carottes hâtivement arrachées de la botte et donnait à ce périmètre un air de marché en plein air. Un employé s'affairait à remplir les bacs que les nombreux clients vidaient inlassablement. Son regard dynamique paraissait à la fois vain et satisfait tant les chalands se jetaient sur les végétaux fraîchement disposés. Plus loin, la cave à fromage semblait se déverser sur les caisses de vins posées à même le sol. Pour l'heure, nous observions le rayon frais dans lequel les marques semblaient avoir disparu. La majorité des produits ultras locaux étaient étiquetés de petits rectangles adhésifs imprimés en noir et blanc laissant la part belle aux produits.

C'est en nous rapprochant de ce qui nous semblait être une bouteille de lait que nous découvrîmes à côté une bouteille de Kombucha. Une page A4 plastifiée accrochée au rayon informait sur la nature du breuvage. C'était un thé sucré fermenté dans lequel le sucre disparaissait à la fermentation pour faire place à des enzymes, des bactéries et toutes sortes de bonnes choses qui favorisaient le développement de la flore intestinale et aidaient à désintoxiquer l'organisme. La promesse nous sembla alléchante et nous apportâmes la bouteille. La dégustation ne fut malheureusement pas à la hauteur de nos espérances. Une trop vive acidité assortie d'un goût levuré et acétique venaient masquer totalement le soi-disant parfum de fruits rouges. Il nous fallut essayer pas moins de 3 marques et nombres de parfums pour trouver enfin une recette appétante et parfaitement désaltérante qui fit le bonheur de Lili et me permit de remplacer tout ou partie de ma consommation de bière !

En Europe, le marché du kombucha était quasi inexistant. Il existait quatre ou cinq marques le commercialisant comme un alicament plutôt qu'une boisson plaisir. La fermentation n'était pas maîtrisée et aucune aromatisation ne venait bonifier le liquide.

Au stade où nous en étions, la production de karma kombucha était sous-traitée. J'avais trouvé en Belgique un homme qui produisait cette boisson. Arrivé au bout de ses économies sans avoir rencontré le succès escompté il s'apprêtait à arrêter l'aventure. Je parvins sans trop de mal à lui faire fabriquer nos produits et passais un temps notable à parfaire les recettes à ses côtés pour métamorphoser son liquide médicamenteux en une alternative aux sodas, un breuvage savoureux.

En cette première année, le résultat n'est pas tout à fait à la hauteur de mes espérances. Les magasins convaincus par mon entrain peinent à vendre nos bouteilles. Pas une semaine ne se passe sans que je me rende en magasin pour faire des dégustations auprès des clients. Les ventes ont du mal à décoller et il n'est pas rare qu'un magasin m'appelle pour me dire qu'il met fin à l'essai commercial de notre produit. Les nouvelles sont plus souvent mauvaises que bonnes. Nous avons mis dans l'affaire de l'argent que mes beaux-parents ont généreusement accepté de nous prêter, mais nous n'en avons pas en réserve. Les fonds levés par la suite semblaient suffisants pour que jamais Biogroupe ne manque de rien, et pourtant ils s'envolent immuablement. Je peine. J'ai le sentiment de m'enliser dans une aventure pourtant prometteuse. Rien ne va au bon rythme, tout prend du temps. Ce temps semble s'écouler à une vitesse différente de ce côté de l'Atlantique.

Je prends soudainement conscience que je me suis lancé tête baissée dans cette entreprise en espérant un rapide retour. Non pas un retour financier immédiat m'assurant une retraite ou une large rente rémanente, mais une assise pécuniaire suffisante me permettant d'agrémenter l'aventure de voyages, de plaisirs et de fleurs bleues comme ce fut le cas les dix années précédentes. La réalité me touche durement. J'encaisse le coup et les tâches rébarbatives. La comptabilité ou les déréférencements m'apparaissent chaque jour plus durs. Les nuits à travailler et à dormir sur le canapé du bureau se font plus fréquentes à mesure que le projet avance et la fatigue accumulée participe à me plomber le moral. Bien sûr, je continue à y croire, je lance de nombreuses initiatives salvatrices, mais je n'ai pas la vision du bout du tunnel. Il me manque de la perspective. Je ne vois absolument pas comment je vais arriver au-dessus des nuages et enfin voir ce soleil, éblouissant, qui ouvre un horizon infini dans lequel tout est possible. Il faut pourtant continuer coûte que coûte.

J'apprécie les échanges avec les clients. Je mise beaucoup sur leur soutien. Cependant, je n'ai fait que le tour des proches magasins indépendants et il me faut désormais convaincre une chaîne possédant de nombreux points de vente.

J'ai acheté un combi VW de 1967 que j'ai habillé aux couleurs de Karma, la marque de notre kombucha. C'est un pari coûteux, mais avec une valeur sûre de revente tant ces véhicules sont désormais rares sur le marché. Il sauvera plus tard la société d'un dépôt de bilan lorsque sa cession, à contrecœur, pour 3 fois son prix d'achat rapportera de quoi poursuivre un peu plus l'aventure. Le comptable ira même jusqu'à me féliciter pour avoir fait un aussi bon placement !

J'ai en tête une idée stratégique pour rencontrer les décideurs d'une enseigne de 60 magasins biologiques que je ne parviens pas à joindre au téléphone. J'ai l'adresse de leur siège rue Lecourbe dans le 15e arrondissement de Paris. Je suis convaincu qu'en me garant devant leurs bureaux et en créant une atmosphère propice je pourrai accélérer les choses. Il est 16 h, je tourne dans le quartier pour trouver une place. Pas n'importe quelle place. Celle qu'il me faut est devant la porte d'entrée du numéro 15. À 16 h 45, personne ne s'est présenté pour récupérer l'une des deux voitures qui me permettraient d'être bien placé. À 17 h 30 finalement et après avoir tourné pendant 1 h 30 un monsieur malingre en loden d'un autre âge récupère son véhicule et libère l'espace que j'occupe aussitôt. J'ai tout juste le temps de me préparer. Je sors les bouteilles de la glacière bien fraîche, les disposent sur la table près de la banquette arrière avec une petite pile de verres en amidon de maïs compostables à côté. J'éteins les lumières du plafonnier et allume des petites bougies chauffe-plats disposées dans de petites assiettes un peu partout dans l'habitacle. En ce mois de février, la température est fraîche et je me demande si les plaids prévus pour se réchauffer seront suffisants. Enfin, j'allume la musique et sors devant le van laissant la mélopée de l'album star « The Legend » de Bob Marley, se répandre sur le trottoir. Je regarde alors l'ensemble et me demande si je ne suis pas complètement à côté de la plaque sur ce trottoir parisien glauque et totalement dépourvu de nature, avec un véhicule hippie, des bougies et du reggae pour racoler des acheteurs.

Alors je pense à Lili. Je me dis qu'elle n'hésiterait pas une seconde. Certes, le paysage est décalé, mais il est très représentatif de mon histoire, de mes expériences et le produit à découvrir en est le fruit. Alors je reste devant la porte et ne sachant absolument pas qui dans ce bureau est l'acheteur, je décide d'inviter tous ceux qui sortiront à boire un verre de kombucha dans le combi. Contre toute attente, presque tous participent et viennent joyeusement tenter l'expérience me disant qu'ils ne sont pas les décisionnaires, mais qu'à coup sûr ces derniers se présenteront.

Alors que 20 h viennent de sonner au clocher de l'église voisine, j'alpague un homme et une femme qui ferment la porte derrière eux. D'abord surpris, ils se regardent, amusés, et montent avec moi dans ce véhicule qui semble leur rappeler des souvenirs. La cinquantaine, énergiques et lyriques ils se prêtent avec enthousiasme à la dégustation. Comme à tous les visiteurs précédents, je les informe de la nature du produit, leur raconte mon histoire. Ils questionnent plus que les autres, semblent réfléchir et finissent par m'annoncer qu'ils sont respectivement directeur général et directrice des achats de l'enseigne. Au-delà du référencement très rapide des karmas Kombucha qu'ils m'offrirent, je garderai toujours une affection toute particulière pour ces pionniers de la bio qui me donnèrent une chance en toute simplicité et avec beaucoup de bienveillance.

***

Les mois qui suivent m'apportent un peu de réconfort. Je sens à nouveau cette ferveur d'un lendemain meilleur monter en moi. En plus du produit dont je suis de plus en plus fier, il y a nos clients, les responsables de magasins qui commencent à s'intéresser à notre aventure. J'en rencontre tous les jours qui participent activement à la révolution alimentaire : des commerçants militants. Ils ne sont pas dans le registre du militantisme résolument en opposition. Celui qui s'arcboute vent debout contre chaque mouvement des opposants à sa cause. Ils croient au militantisme qui promeut, qui donne l'exemple, qui est actif.

Habituellement, suivre une cause revient un peu à suivre une mode. On se laisse mener, éventuellement on adhère, mais on ne participe pas à faire évoluer ou progresser la tendance. À l'inverse militer c'est prendre les devants, réfléchir aux solutions pour surmonter les obstacles, se transposer dans un futur plus lointain. Militer c'est ouvrir la voie sans attendre que d'autres le fassent à sa place, assumer soi-même les risques. Oui, j'ai retrouvé de vrais militants dans le réseau bio. Ce sont eux qui me donnent la force de continuer à tout prix, d'enchaîner les ventes, les salons et les dégustations malgré des résultats « mitigés ». Je crois que c'est le mot que l'on emploie pour ne pas se décourager lorsque le score est faiblard. Ils participent localement avec une efficacité implacable. C'est dans leurs points de vente que l'on retrouve enfin du dialogue, des annonces locales, un semblant de début de vie de quartier. Quoi de plus naturel que la relation humaine instinctive qui retrouve son chemin dans un espace dédié à la naturalité ? Lorsque l'on y pense, nous avons tout de même réussi à classifier, à logotiser ce qui devrait être la norme. Pourquoi appeler un point de vente de quartier avec des produits locaux un « magasin spécialisé » ? Pourquoi appeler des produits qui poussent naturellement dans des champs au rythme des saisons des « produits bio » ? L'inverse me semblerait plus naturel. Mais politiquement, ce serait perturbant d'aller acheter des produits « artificiellement stimulés » dans des magasins dédiés à l'alimentation « secondaire » ou « non naturelle ».

Malgré ces personnes engagées et inspirantes, cela ne tourne toujours pas rond. La situation n'est pas favorable. Lili, qui de son côté s'est lancée dans la compensation carbone[1], et moi-même, commençons à trouver le temps long à Bruxelles. Les semaines sans fenêtre sur le ciel s'enchaînent, la ville est assez ghettoïsée. Le contraste avec la Californie, particulièrement San Francisco, si cosmopolite, est saisissant. Les quartiers sont vraiment les refuges de communautés regroupées entre elles. Nous sommes à la frontière entre le quartier de la gare, quartier tunisien, et le quartier des expatriés, celui d'Ixelles. Le

---

[1] *La compensation carbone consiste à essayer de contrebalancer ses propres émissions de CO_2 par le financement de projets de séquestration de carbone.*

boulevard Brugman sur lequel nous habitons symbolise la démarcation entre ces deux univers. Plus loin d'autres communautés, wallonnes, flamandes ou désormais institutionnelles européennes s'ajoutent à ce morcellement. Nous nous languissons et passons désormais près d'un week-end sur deux en Bretagne. 7 heures sont nécessaires pour rallier la baie de Saint-Brieuc, mais qu'à cela ne tienne, je découpe ma semaine différemment et je me retrouve 3 jours à l'air libre et 4 jours à faire la navette entre Bruxelles et Paris. Je pressens qu'il nous faudra déménager sous peu.

Arrière-petit-fils, petit-fils et fils de militaire, je pense avoir en moi ce gène du déménagement. À 30 ans, j'ai déjà déménagé 15 fois. Si je n'ai jamais été tenté par les affaires militaires j'ai apprécié cette vie semi-nomade qui permet de voir du pays, de ne pas toujours croire que son clocher est le centre du monde. Malgré cela, le cœur vous rattache souvent à un lieu en particulier. À force de déménager, on a besoin d'un point de repère fixe, de planter des racines quelque part. C'est même souhaitable pour tenir la distance. Avoir un phare, une lumière vers lesquels il est rassurant de savoir que l'on peut se diriger.

Pour moi, ce fut la Bretagne et Erquy. J'y passais toutes mes vacances. Ma grand-mère maternelle avait décidé, dans les années 60, d'y amener ses filles et son mari pour respirer le bon air. D'un milieu modeste, Mamy, gravit un à un les échelons de la sécurité sociale pour terminer cadre tandis que mon grand-père travaillait sur des chantiers comme responsable d'équipe. Cette bourgade côtière leur convenait et la vie y était saine.

Mes parents continuèrent à nous y amener jusqu'à pouvoir y acheter une maison modeste vers la fin des années 90. C'est en retapant cette maison que j'apprendrai, aux côtés de mon père, tous les fondements du bricolage.

Je me pris d'amour pour Erquy. Très tôt, j'en arpentais toutes les rues, les grèves, les landes. J'aimais y découvrir de nouveaux recoins. Je pus exprimer en ce lieu toutes mes envies de liberté jusqu'alors contenues. Je pense aussi que je m'initiai sans le savoir à la naturalité au sens de la nature Providence. Je pêchais des tourteaux, des coquilles Saint-Jacques, des huîtres sauvages et de nombreux poissons. Mon père m'apprenait à reconnaître les champignons à l'automne ainsi qu'à ramasser les mûres et les baies pour réaliser les confitures. J'appris à mémoriser les emplacements des pommiers sauvages et des autres arbres fruitiers accessibles pour préparer de délicieuses compotes. Mais aussi ceux des châtaigniers pour faire crépiter à la braise la jolie coque lisse, dévêtue de la bogue piquante, qui se fend pour laisser apparaître l'amande fraîche au goût sucré et boisé.

Enfin, il y avait la mer et ses éléments : les marées qui permettent aux rochers de se découvrir laissant une étendue d'algues iodée sous lesquelles une vie prolifique nous permettait de prélever le repas du soir.

Les marées pour surfer. En fonction des fonds, le marnage nous permettait de savoir où les vagues seraient propices à la meilleure glisse.

Les marées pour accéder par grand coefficient à des plages éphémères réservées aux connaisseurs.

Le vent et sa complice, la mer. À eux deux, ils forment la matrice qui m'est la plus précieuse. Je crois avoir passé ma vie à me rapprocher de ce duo de choc. Ils offrent une palette de couleurs sans cesse renouvelées. Ils se jouent des nuages et du soleil pour offrir des tableaux éphémères qui se succèdent sans jamais se ressembler. Ensemble, ils chassent la pollution, remettent les compteurs à zéro.

J'ai navigué en mer aussi loin que mes souvenirs me portent. Sur un château de sable devenu une île forteresse pour quelques minutes, sur une embarcation gonflable, sur une planche à voile, sur un dériveur, sur un catamaran, sur un surf… les supports et les occasions d'être sur l'eau ou sous l'eau sont innombrables et tous sont un prétexte à me rapprocher de cet élément essentiel à mon équilibre.

Pour moi, Erquy est le centre de tout cela. Ce lieu me permet de vivre ces expériences pleinement. À taille humaine, tout juste peuplée de 4000 âmes en hiver, abritée dans une baie, cette ville est accessible. On peut l'appréhender dans sa globalité. Son dénivelé se déploie de la plage jusqu'aux plateaux, quelques kilomètres plus hauts, offrant au plus grand nombre une vue sur la mer dans les 180 degrés de ce cirque à ciel ouvert.

Le fervent attachement à cette commune est si fort qu'il me fut très dur de n'y retourner que sporadiquement lors de notre expatriation aux États-Unis. Je me revois courir sur la plage vers le bord de l'eau, alors que nous venions d'arriver d'un voyage de 18 heures, me mettre à genou et m'asperger le visage de cette eau fraîche et distinctement iodée. La température, la salinité et les grains de sable mêlés à cette caresse de mer me replongeaient instantanément dans mes souvenirs. En revenant sur le boulevard du bord de mer après avoir enjambé la digue, je caressai le grès rose. J'aime cette pierre typique, plus poreuse que sa cousine en granite, et seulement excavée dans un périmètre local qui s'étend jusqu'au cap Fréhel. Elle confère aux maisons d'Erquy une luminosité chatoyante lorsque le soleil se couche à l'ouest en plein dans l'axe de l'amphithéâtre urbain que forme cette ville. Je ne suis pas né ici, je ne suis pas breton de souche, mais dans mon corps ce lieu a toujours raisonné plus fort que toute autre ville dans laquelle j'ai pu habiter dans ma vie.

***

À Bruxelles, à Paris, c'est ce cadre qui me manque. Je ne me sens pas en phase. Et cela rend plus difficile mon défi présent. J'ai pris conscience d'un autre fardeau qui explique ma difficulté à vivre pleinement les émotions de l'entrepreneuriat chez Biogroupe. Je réalise que si créer une entreprise jeune est une aventure délicate et exigeante, RE-créer une entreprise est incommensurablement plus complexe. J'ai 10 ans de plus. Je suis jeune certes, mais ma situation familiale a changé. Je ne veux plus rentrer à 3 heures du matin parce que je me consacre tout entier à mon travail. Je souffre désormais de ne pouvoir embrasser mes filles et ma femme le soir lorsque je rentre tard ou que je reste dormir sur le canapé-lit du bureau à Paris. J'ai le sentiment de travailler à contrecœur !

À trente ans, les besoins financiers sont plus pressants qu'à vingt ans. Il est plus compliqué de vivre d'amour et d'eau fraîche sans un minimum de prévisions et de provisions. La cellule familiale se laisse aisément prendre au jeu biaisé des besoins sans cesse grandissants. Qu'il est dur de concrétiser les bases pourtant si simples posées dans le livre de Pierre Rabi sur la Sobriété heureuse qu'il décrit comme un remède à l'imposture de la modernité.

Enfin, l'élément le plus dur pour moi dans la création de cette deuxième entreprise est cette absence de mystère qui stimule et décuple les forces de l'entrepreneur débutant. C'est le fait de retourner sur un chemin connu sans ces surprises faites de succès et d'échecs, mais qui génèrent de l'adrénaline.

Je n'ai pas la prétention de savoir où cette entreprise va m'emmener, mais j'ai la certitude de connaître les phases par lesquelles elle ne manquera pas de passer. En d'autres termes, je connais un peu les joies et les peines du chemin. Les succès sont moins euphoriques, les difficultés ne génèrent plus l'adrénaline nécessaire, car ils ont déjà fait partie de la route précédente. Comme les tissus de l'organisme emmagasinent la mémoire des traumatismes, le cerveau mémorise les émotions. Cela me pèse et de surcroît le sentiment d'avoir reproduit le même modèle économique qu'aux États-Unis commence à poindre lentement dans mon esprit. J'achète un produit que je commercialise. Certes, il est bio, équitable, etc., mais qu'apporte Biogroupe comme valeur ajoutée ? De la nouveauté révolutionnaire, bien avant la mode ? Oui, mais sans Biogroupe, cela finira par arriver. Ce rôle d'intermédiaire dont je prends petit à petit conscience me ronge et dévalorise mon travail au quotidien. Je fais fabriquer un article et je dégage un bénéfice en le revendant plus cher. N'est-ce pas là le crédo de la spéculation ? Certes, elle est bien plus honorable que celle des brokers qui spéculent sur les matières premières à l'autre bout du monde sans bouger de leur bureau, privant par leur action des familles entières d'une nourriture vitale. Mais la valeur ajoutée n'est-elle pas dans la vraie transformation, dans la création ?

J'arrive à court d'idées. Il faut que je réinvente le modèle. Pas seulement le concept marketing, l'approche ou le speech que je fais régulièrement aux financiers qui nous suivent, mais le fond.

Mon père me répétait souvent : « ce qui compte c'est le fond pas la forme ! » Nous y sommes. Le passé se répète. Je me trouve dans une impasse sombre sans solution pour en sortir.

J'arrive à la même impasse qu'en 1999 : autre exemple de mésaventure cuisante ! À l'époque en fin de troisième année d'école, après avoir fait tout sauf des études, je me fais congédier de l'établissement ! La semaine suivante, je reçois une lettre de la banque m'annonçant que je suis interdit bancaire. Je gagnais certes beaucoup d'argent pendant mes études, mais en dépensais toujours plus ! Mes parents, lassés de mes frasques toujours plus endiablées que les précédentes m'annoncent qu'ils refusent d'être des hôtes qu'on ne considère même pas et me congédient. Lili, abasourdie par la situation et se sentant délaissée me quitte… ce cumul sera le plus dur de ma vie !

Ma situation est aujourd'hui différente, car je ne suis plus seul, mais elle fait remonter à la surface ce lointain échec. Je me remémore comment je réussis à l'époque à me tirer de cette impasse.

Le 15 juin 1999 acculé, face à moi-même il faut que je trouve un point de chute, une échappatoire pour me reconstruire, rassembler mes esprits et rebondir. Je n'ai pas le courage d'affronter une saison à Erquy face à mes proches, mes amis, ma famille. Il faut donc que je parte, si possible loin, pour me faire oublier et assumer ma situation. Je fais donc ma valise et je décide d'aller en Angleterre sans but précis. Je vise Brighton. Je choisis cette ville un peu au hasard, mais surtout parce que c'est une station balnéaire très au sud du pays. Avec un peu de chance, ce sera la promesse d'un été clément. Je parle à un ami de mon projet. Au cours d'une longue soirée nous décidons finalement de partir ensemble et après avoir pesé le pour et le contre et recompté plusieurs fois nos maigres économies nous penchons finalement pour Jersey. Cette île anglo-saxonne proche des Côtes-d'Armor répond aux critères climatiques, estivaux et nous ouvre les portes d'un pays étranger en échange de seulement quelques kilomètres.

Après un trajet en stop jusqu'à Saint-Malo nous prenons le ferry qui nous dépose une heure trente plus tard sur le quai du port de Saint-Hélier, capitale de l'île. La saison démarre fort et de nombreux touristes s'affairent dans les rues. L'ambiance est très anglo-saxonne et le dépaysement à la hauteur de nos souhaits. Nous cherchons un logement et un travail. Une petite annonce sur les quais du port de plaisance jouxtant le terminal ferry propose un hébergement dans un voilier pour une somme très raisonnable. Le rendez-vous est pris l'après-midi même avec le propriétaire et nous visitons le bateau. Il fait tout juste 6 mètres. Nous ne tenons pas debout dans le carré. Une banquette simple de chaque côté du puits de mât ainsi qu'un réchaud et un évier d'appoint complètent l'équipement de ce logement précaire. Les douches et w.c. sont au bout du quai. Nous sommes aux anges. Bien plus original qu'un camping cet hôtel flottant est situé en plein centre-ville et le tarif est du même ordre. Nous prenons possession du lieu ravi et prêt à vivre de grands moments. C'est fou ce que l'autonomie peut procurer comme joie. Nous n'avions fait que répondre à un besoin primaire avec un budget serré, mais cela nous procurait déjà une certaine satisfaction.

Le lendemain, un concert de gouttelettes nous réveille. La pluie raisonne harmonieusement sur le pont. Je me sens vraiment dans mon élément sur ce rafiot. Après avoir enfilé les costumes et les cravates soigneusement emballés en nous contorsionnant dans l'habitacle étriqué du voilier, nous partons le ventre creux à la recherche d'un emploi. Pendant 3 jours, nous arpenterons les trottoirs de Saint-Hélier et nous présenterons des dizaines de fois auprès des responsables de bars, d'hôtels ou de restaurants.

Aucune de nos sollicitations n'aboutit. Nos économies s'amenuisent et il nous faut trouver une solution. Il est 18 heures en ce troisième jour et nous décidons de nous offrir un sandwich chaud chez Burger King. Après la maigre pitance, rapidement engloutie, que nous autorisaient nos moyens et alléchés par le reste du menu nous décidons de proposer nos services dans ce fast food, faisant une croix sur les établissements huppés dont nous rêvions. Le manager est un Sénégalais imposant. Nous lui expliquons notre situation en toute transparence et dans nos costumes cravate inopportuns nous le supplions de nous offrir un job. Compatissant et en recherche de personnel il nous embauche sur-le-champ !

Le lendemain, nous passons par le vestiaire du personnel et enfilons les vêtements à l'effigie de l'enseigne pour commencer à nettoyer les tables, passer la serpillière ou encore vider les poubelles. Ce fut une grande leçon d'humilité. Je me souviens encore d'avoir baissé la tête tout en m'excusant auprès d'une table de jeunes filles radieuses pour passer avec mon balai sous leurs pieds. Je me sens minable dans une veste trop grande, un pantalon trop court qui m'arrive à mi-mollets et dont l'ensemble pue la friture à plein nez. Je rase les murs et me fais discret. Pourtant je n'éprouve aucune gêne à faire le ménage et à me charger des tâches les plus ingrates. C'est bon de travailler et de sentir qu'il y a un peu d'espoir pour remonter la pente. Au bout de 3 semaines, Franckie, le manager sénégalais nous promeut en cuisine. Plus exactement sur la ligne de production. La tâche consiste à faire des burgers le plus vite possible. Nous posons des steaks surgelés sur une grille roulante qui s'engouffre dans une machine qui crache des flammes et les sort cuits et marqués en une quinzaine de secondes. Nous mettons le fromage sur le steak puis au micro-ondes, parfois avec la salade. Bref, ça n'est pas de la gastronomie, mais la découverte des coulisses de cet univers si acceptable à l'extérieur vaut le coup et cela nous permet de sortir des triples hamburgers à chaque pause pour nous sustenter sans payer ! Malheureusement ou heureusement, nous sommes licenciés au bout d'une semaine. Nous avons pris nos aises et nous faisons régulièrement des batailles de ketchup ou de mayonnaise pour rendre la journée plus trépidante. Un jet de sauce mal orienté termine sa course sur le visage de Franckie !

Nous revoyons régulièrement le propriétaire du bateau : Jonathan. Erwan et moi sortons le soir avec lui dans des endroits branchés. Il a une petite quarantaine d'années, est grand et musclé. Son bronzage insolent ne laisse que peu de doute sur l'activité au grand air qu'il exerce. Il a en effet monté un club de voile mobile, composé de remorques, qu'il amène chaque matin sur la plage cossue de saint Brelade's Bay au pied de beaux hôtels étoilés. Le cortège roulant, qu'il rassemble au pied de la cale en béton, est rempli de kayaks, de transat, de différents jouets de plage, mais surtout de planches à voile. Lorsqu'il apprend mon licenciement concomitamment à ma qualification fédérale en tant que moniteur de planche à voile il me demande de le rejoindre pour travailler avec lui au bord de la mer. J'accepte immédiatement et mes journées changent résolument.

Je suis désormais moniteur de voile sur une plage magnifique au soleil toute la journée. Mes émoluments sont variables, mais conséquents. De l'ordre de 5 fois la paye de chez Burger King. Le vent tourne. J'ai de plus en plus de conversations avec Lili qui me manque. Elle consent finalement à me rejoindre à quelques jours du départ de mon ami qui n'a pas retrouvé de travail. Nos retrouvailles sont un moment merveilleux et nous passons un été mémorable. Elle trouve immédiatement un emploi de serveuse dans un restaurant surplombant la plage même où je travaille. Nous partageons le bateau et nous nous faisons de très nombreux amis, résidents de l'île à l'année. Nous voyons encore régulièrement ces personnes aujourd'hui. Elle me force à appeler mes parents pour m'excuser et leur annoncer que je souhaite terminer mon enseignement supérieur. Ces derniers rassurés appellent diplomatiquement l'établissement et obtiennent de commuter ma sentence d'expulsion en une année de redoublement. De la même manière j'échange avec la banque pour convenir d'un montant que je leur ramènerai de Jersey et d'un plan d'étalement pour apurer progressivement mes dettes. La situation est de nouveau sous contrôle.

***

10 ans plus tard, seul dans mon bureau parisien, je me remémore cet épisode. Il n'a pas été vain, il m'a fait grandir. Il me faut utiliser cette expérience et la mettre au service de ma situation présente. Je dois transformer Biogroupe. L'année 2012 doit être l'année du renouveau ou Biogroupe ne sera plus !

Chapitre 3
L'acharnement

J'ai le ventre noué, je me dirige hâtivement vers les locaux de notre conseil juridique parisien près de la Place de l'Étoile. L'assemblée générale qui va suivre sera délicate. L'ensemble des actionnaires, financeurs de Biogroupe, ont répondu présents, même ceux qu'on ne voit habituellement jamais. J'ai des alliés, des soutiens sur lesquels je peux toujours compter, mais je vais surtout être confronté à des financiers purs et durs qui ne m'apprécient pas tous. Ma vision de l'entreprise, les valeurs que je lui attribue, et mes plans pour la sortir de l'ornière seront relégués au second plan. Leur intérêt est purement lucratif et comme leur mise est à risque ils peuvent se montrer vindicatifs, voire menaçants.

Les actionnaires prennent place autour de la table de conférence. Le cabinet d'avocats a mis gracieusement à notre disposition une grande salle qui peut réunir une bonne quinzaine de personnes. J'en compte près d'une douzaine en incluant les conseils comptables et juridiques. L'exercice est périlleux. Je dois leur expliquer que la société a dilapidé tout son capital et ses liquidités, mais qu'il y a une solution qui consiste à intégrer la production. En me répétant cela, je prends conscience que je vais en effrayer plus d'un.

Pourtant le plan est désormais clair dans mon esprit. Je dois changer le cadre. Je vais déplacer le siège social de Paris à Erquy. Je vais déménager également en Bretagne. Nous allons louer des locaux dans une technopole voisine pour y faire de la recherche et du développement afin d'être rapidement prêt à fabriquer nous-mêmes le kombucha. Il reste de très nombreux points à éclaircir, outre le point financier, et cela repose sur l'hypothèse que nous arrivions à produire nous-mêmes. Comme chacun le sait, toute recherche sérieuse ne garantit pas pour autant le succès. C'est une succession d'hypothèses, de tests et de vérifications qui peuvent permettre de trouver LA recette, LA formule pour aboutir au produit souhaité.

Je démarre la réunion laconiquement sans émoi particulier. Tout le monde connaît les chiffres il est donc inutile de tenter d'égayer une assemblée mécontente et inquiète. Après une brève présentation de la situation et du bilan à approuver, les premières questions arrivent. Elles sont tout d'abord constructives et ciblées puis les prises de paroles se font plus erratiques. Les commentaires fusent aussi vite que les reproches.

Désormais, le débat se resserre autour de moi, de mes actions, de ma capacité ou de mes initiatives. À ce stade les filtres n'existent plus, les coups pleuvent et m'enfoncent chaque fois un peu plus. J'hésite entre la tristesse, la colère ou la honte. Je me demande comment j'ai pu en arriver là. Comment j'ai pu me retrouver dans cette pièce d'un immeuble haussmannien, haute de plafond, garnie d'élégantes moulures qui était probablement un ancien salon bourgeois. Que fais-je aujourd'hui au milieu de cette assemblée véhémente totalement déconnectée de mes aspirations à l'exception de quelques membres ?

Pourtant je les ai rencontrés un à un via mon réseau ou celui de mon associé. J'ai passé du temps à échanger avec chacun. J'ai su habilement leur présenter une aventure haute en couleur aussi bien qu'un retour sur investissement appétant. Je pensais être parvenu à les plonger dans un scénario si prenant que l'on souhaite faire partie des héros.

Je n'ai pas réussi à suivre le plan indiqué au départ. Je ne le sais que trop, mais savent-ils, eux, l'acharnement que je mets au quotidien pour y arriver ? Se rendent-ils compte de l'investissement professionnel et personnel mis au service de cette aventure ? Certains oui. Ce sont eux-mêmes d'anciens entrepreneurs courageux et tenaces. Mais une grande partie d'entre eux ont bénéficié d'une vie plus arrangée, leur assurant rapidement des postes haut placés. Ils semblent avoir déjà oublié le début de leur carrière et ne voient plus que des placements financiers déshumanisés.

Je suis en bout de table et me demande comment tout cela va se terminer. Soudain, le moins investi des actionnaires, tant en argent qu'en temps de présence, je ne l'avais vu qu'à la signature de création, se lève. Alors qu'il était resté muré dans un profond silence toute la séance, il se lance dans une violente diatribe contre moi qu'il semble avoir répété et ruminé depuis le début de la réunion. Outre des commentaires blessants, il s'insurge tout à coup contre ce projet en lui-même, me prêtant pour intention de n'y avoir cherché qu'un emploi rémunéré.

J'aurais malicieusement soutiré des fonds à toute cette assemblée dans le seul but de les ressortir sous forme de salaire sans que le projet n'eût jamais aucune chance d'aboutir. Sitôt son attaque portée, il se lève et quitte la pièce sans autre forme de procès, ne laissant à quiconque la possibilité de répondre. Je suis estomaqué devant tant de couardise. Ce fallacieux scénario ne tient évidemment pas debout, mais la planification minutieuse de cette intervention aussi stérile qu'éhontée me laisse sans voix. Ma seule consolation sur l'instant est la consternation évidente de l'assemblée face à la poltronnerie de l'individu quittant la salle précipitamment sitôt son monologue achevé. L'un des actionnaires, pour qui j'ai toujours eu une très grande admiration et dont le charisme permet d'intervenir dans ce moment délicat prend la parole. Il ignore les propos dénigrants qui viennent d'être prononcés et demande que l'on recentre le débat autour de la recherche d'une solution. La soif d'explications de l'assemblée semble inassouvie et son mécontentement continue à gronder. La porte vers une séance de lapidation publique est ouverte. Un quadragénaire suffisant, qui éprouve systématiquement le besoin de faire allusion à sa gloire passée, annonce qu'il ne restera pas actionnaire d'une société qui va faire faillite. Il demande à ce que je lui rende son argent, que je trouve une solution financière pour que jamais son nom ne soit associé à cet échec certain.

Je ne me souviens pas vraiment comment se termina cette mise à mort. Je pense me rappeler avoir insisté sur le fait que, quoiqu'il arrive, j'allais désormais produire le kombucha plutôt que de le sous-traiter. Je ressors de l'immeuble dans un état de stress inimaginable. C'est à ce jour le pire épisode de ma vie professionnelle. Bizarrement, je ne me sens pas blessé. Je n'éprouve pas de honte. J'ai le sentiment d'avoir échoué sur certains aspects de l'entreprise, mais d'avoir toujours mis la meilleure volonté possible à réussir. La colère monte en moi et j'éprouve une envie de tout envoyer promener. De les laisser perdre leur sale argent. De retourner travailler comme moniteur de voile, loin de cette frénésie entrepreneuriale. Parmi les actionnaires, l'un est mon associé. Il a participé activement à la création et suit l'activité régulièrement. Toujours prompt à se revendiquer co-fondateur auprès des interlocuteurs de la société, il n'aura pas levé le petit doigt pour prendre sa part de responsabilité. Le coq chanta ![2]

Bouleversé, je marche dans les rues de Paris en me dirigeant vers la gare Montparnasse. Mes trajets sont désormais est-ouest et non plus nord-sud. Je rentre en Bretagne c'est déjà ça !

Il me faudra quelques jours pour me remettre de ce douloureux évènement, mais finalement personne n'entamera mon désir de changement. Je sais où je vais et une fois lancé dans la bonne direction j'ai de l'énergie à revendre, je suis convaincu du bien-fondé de ce retournement. J'ai réussi à obtenir de cette assemblée une rallonge financière avec un sursis de 6 mois. Bien sûr, ne pouvant pas remettre d'argent moi-même je perds à nouveau des participations dans la société.

***

Désormais, la vie est rythmée par la mise en place des essais de production. Mais il faut garder un œil attentif sur notre sous-traitant belge qui continue à fabriquer les produits pour nous en attendant que nous soyons autonomes. Les clients demandent également une attention soutenue. Les journées sont denses, mais constructives.

---

[2] *Reniement de Pierre lors de l'arrestation de Jésus, Nouveau Testament.*

Je puise à nouveau dans ma capacité à improviser. Il faut convaincre les bailleurs de me louer le local plus longtemps, trouver du matériel de production, embaucher deux salariés pour m'aider… la liste est longue, les moyens limités et le temps jouent contre moi.

Cela me rappelle un épisode ma vie où, sûr de mon plan initial, je me retrouvai contraint de relever les manches et de faire face.

Aéroport de Los Angeles, juin 2001. Nous sortons du terminal avec Lili. L'air est suffocant. Il fait plus de trente degrés et il n'est que dix heures du matin. Nous sommes émerveillés à l'idée d'être là ! Nous nous dirigeons vers le bus pour rejoindre Venice Beach situé au nord de l'aéroport juste avant Santa Monica.

Ce périple est en projet depuis trois semaines. Après un redoublement, je termine la troisième année de mon école de commerce et j'ai devant moi trois mois de vacances. C'est la période durant laquelle je suis parti me ressourcer à Jersey l'année dernière. Lili, en deuxième année bénéficie du même congé. Nous avons réalisé que l'on nous enseigne l'économie et l'histoire de la première puissance mondiale, mais que nous n'en connaissons que la théorie et qu'un peu de pratique avant de finir l'école ne nous ferait pas de mal. C'est un voyage ambitieux pour deux étudiants relativement démunis et le challenge en lui-même nous plaît. J'ai finalement remboursé mes dettes bancaires, mais je n'ai plus le droit de posséder de carte bleue ni de chéquier. Après nous être offert un billet d'avion dont la date de retour, 3 mois plus tard, n'est pas modifiable il ne nous reste, à deux, qu'un petit pécule (500 $).

Désormais rompus à ce type d'immersion à l'étranger, nous cherchons à la fois un logement et un travail. Nous marchons dans les rues, subjugués par l'immensité ! Les voitures sont énormes, les feux sont placés à 4 ou 5 mètres de haut pour laisser passer de gros camions rutilants et enguirlandés de mille lumières. La courte portion d'autoroute que l'on découvre finit de nous méduser : La 405 dont l'axe nord-sud relie la vallée, au nord d'Hollywood, à Irvine, ville frontière au sud d'« orange county ». Cette « freeway » incontournable de la Californie du Sud répand son bitume sur 12 voies ! C'est, paraît-il, l'autoroute la plus embouteillée du pays ! Nous prenons conscience que le gigantisme de cette ville ne nous facilitera pas la tâche. Il nous faut nous déplacer en voiture. Nous arpentons les trottoirs de Lincoln boulevard ou les « car dealers » sont nombreux. Ces derniers, retapent, vendent ou louent des voitures selon les besoins. Les échanges nous font vite comprendre que nous sommes dans une jungle non réglementée. Après avoir écumé presque tous les marchands sur près d'un mile, nous tombons d'accord avec un monsieur dont les origines européennes ont permis de nouer un contact plus facile. Il accepte de nous louer une jeep wrangler noire d'un autre temps. Le véhicule a 15 ou 20 ans d'âge, les vitres souples ne sont plus très transparentes ou étanches, mais le moteur semble tourner rond et le tarif de 6 $ par jour nous semble tout bonnement incroyable.

Éreintés, nous passons la nuit dans un hôtel bon marché attenant à Venise Beach. Le lendemain après d'infructueuses recherches de travail, nos économies ne nous permettent plus qu'un motel à bas prix. Cela fait trois jours que nous sommes arrivés et nous avons dilapidé la quasi-totalité de notre pécule. La nourriture coûte horriblement cher, les logements également, seule l'essence est presque donnée à 1 $ le gallon, quatre litres et demi environ.

Inquiets, mais déterminés nous décidons de passer la nuit sur une des plages de Malibu : « Malibu lagoon state beach ». Nous sommes réveillés toutes les heures, affolés par des bruits, des lumières dans un environnement complètement inconnu. Finalement vers 5 heures du matin un chien querelleur aura raison de nos espoirs de repos.

Nous nous dirigeons vers un supermarché, hagards et transis alors que la pointe du jour n'est pas encore visible. Le magasin géant est ouvert à toute heure. Nous achetons un café et le sirotons sur le banc du parking. Notre attention est attirée par un groupe d'une quinzaine de personnes à proximité d'un feu de la Pacific Coast Highway. Également nommée route numéro un, elle slalome entre les collines ou la plaine d'un côté et la mer de l'autre du nord de San Francisco au sud de Los Angeles. En regardant de plus près, il s'agit de Mexicains chichement accoutrés à l'allure patibulaire. Nous retournons dans le magasin questionner le caissier sur la raison de ce rassemblement. Il nous explique que ces immigrés sans papiers se postent à cet endroit en attendant que des artisans ou d'autres individus viennent leur proposer un travail. C'est devenu une habitude partout en Californie et cette main-d'œuvre bon marché fait désormais partie intégrante des ressources pour les professionnels de travaux en tout genre. Lili et moi avons instantanément la même idée. Nous essayons de parler avec eux. Ils ne sont pas très loquaces, mais pas non plus antipathiques. Ils semblent se connaître tous assez bien. Nous observons le fonctionnement de la manœuvre, résolument illégale, dès les premiers arrêts de pick-up des « contractors » (artisans indépendants). Ces derniers annoncent le travail, le type de compétences requises ainsi qu'un tarif horaire. Par solidarité avec leurs camarades, après en avoir discuté entre eux, les ouvriers incitent l'employeur occasionnel à embaucher un plus grand nombre de travailleurs que prévu. Le deuxième échange clef porte sur les émoluments. Puis les voilà qui montent, enfin qui grimpent le plus souvent dans la benne extérieure à l'arrière vers leur mission de la journée. Le véhicule suivant ne semble pas susciter d'intérêt, les échanges tournent court et l'on entend même des sifflements. Je m'approche et demande au chauffeur de quoi il retourne. Il m'annonce 3 $ de l'heure, pour un travail de peinture. Je fais signe à Lili et nous sautons dans la benne… nous resterons 10 jours à peindre, seuls dans un grand appartement, près de 10 heures de suite à chaque fois. Nous sommes éreintés, mais heureux. Nous travaillons aux États-Unis !

L'homme qui nous emploie, Marcus, habite sur la colline de Malibu et gère plusieurs chantiers comme celui-ci. Il exploite ce système d'emploi illégal et s'en sert à son avantage. Il ne fait pas grand-chose de ses dix doigts, ne semble pas avoir la meilleure des réputations, mais arrive à joindre les deux bouts. Il vit avec son frère sur un terrain hérité de leurs parents. Un incendie ravageur rasa la maison dont seules la cheminée et la piscine laissent aujourd'hui imaginer les volumes. Ils y ont placé des Mobil homes et se sont réparti les espaces. Ils se retrouvent au coin du feu le soir pour boire une bière sur ce site incroyable surplombant le pacifique. Marcus a accepté, dès le premier soir, de nous louer une petite cabane de chantier avec un lit simple, un w.c. et une plaque chauffante placée sur un frigo. Nous payons tout de même 350 $ par mois ! Mais nous avons un toit pour la durée de notre séjour et avons pu travailler un peu.

À la fin de nos dix jours de peinture, Markus n'a plus de travail pour nous. Il nous faut trouver une idée ou retourner au feu nous confronter à l'inconnu. Depuis notre première embauche, nombre de personnes nous ont largement déconseillé de nous livrer à cette pratique. Elle est, paraît-il, hasardeuse et peut même s'avérer dangereuse. La sécurité de ces chantiers, souvent illicites, laisse à désirer et de nombreux accidents graves sont à déplorer chaque semaine. Des cas d'enlèvements ou de séquestration nous ont également été relatés. Notre expérience, bien que sous-payée, fut au final assez chanceuse et il nous semble raisonnable de suivre ces conseils et d'en rester là.

Il me vient alors une idée. J'ai appris une très bonne recette de nougat glacé l'année passée. Nous pourrions la reproduire ici, où la nourriture française semble très appréciée et la proposer à la vente ! Nous décidons d'investir les $45 qu'ils nous restent et nous nous mettons en quête d'ingrédients. Nous trouvons la majorité des composants et achetons de petits contenants individuels en polystyrène munis de couvercles. Malheureusement, le praliné indispensable, ne semble pas exister. Nous ferons donc nous-mêmes le caramel dans lequel baigneront les noisettes et les amandes. Il s'avérera que broyer du caramel solide sans outils sera ardu. Après de nombreux essais infructueux, je le rassemble dans un torchon et le concasse en frappant l'ensemble avec le talon de ma chaussure, c'est long, mais efficace. Après une nuit de travail intense, tous les petits pots sont remplis et placés dans le bac de congélation.

Nous roulons sur la PCH (Pacific Coast Highway) vitres ouvertes, cheveux au vent. Nous nous sentons libres. La contrainte financière qui pèse chaque jour sur nous depuis notre arrivée nous apparaît plus légère et nous croyons dur à ce nouveau projet. Nous avons besoin d'étiquettes et d'affiches pour « habiller » nos desserts glacés. Lili a suggéré ce matin que nous nous introduisions en douce dans la salle informatique d'une université. Pourquoi pas ?

À l'entrée de Peperdine university, l'université huppée de Malibu, un poste de garde filtre les voitures. Les marques allemandes et les gros 4x4 sont devant en file indienne dans ce campus privé pour privilégiés. Nous demandons à une étudiante qui se déplace à pied de bien vouloir monter avec nous pour nous faire rentrer grâce à sa carte. Le tour est joué, le garde n'y voit que du feu. Nous finissons par trouver la salle des ordinateurs et pendant que Lili se met au travail, je me mets en quête de papier autocollant. Une salle de fourniture amplement garnie me procure tout ce dont j'ai besoin. Nous sommes discrets. Tels des agents secrets en mission, nous parvenons à imprimer et filons à toute vitesse tandis que des enseignants semblent se diriger à la hâte vers notre local. De retour à la maison nous apposons fièrement sur chaque pot le papier adhésif arborant un gros « french nougat glacé » dans un décor tricolore succinct.

Nous passons l'après-midi à essayer de vendre à des restaurateurs notre lot de 40 petites glaces, bien au frais dans la glacière prêtée par Marcus. Finalement, c'est au « Malibu Chicken » situé dans un petit môle d'une dizaine de boutiques que nous trouverons preneurs. Nous collons l'affiche promotionnelle sur la porte et regardons fièrement les petits pots dans la vitrine surgelée de ce bistro. Nous empochons 160 $!

De retour le surlendemain, pour savoir s'il nous fallait préparer une nouvelle commande, le gérant du lieu nous indique que s'il a vendu allègrement la majorité des pots, la crème glacée semble battre de l'aile et perdre de sa consistance au fur et à mesure de sa conservation. Il ne souhaite pas prendre de risque et nous congédie amicalement après nous avoir offert une cuisse de poulet grillé. Nous sommes déprimés. Tous nos plans de pâtissiers/glaciers tombent à l'eau et il nous faut retrouver du travail urgemment. Cet univers américain est décidément impitoyable et n'offre pas de répit.

À mesure que les jours passent, notre manne diminue de nouveau et, prudents, nous ne dépensons presque rien. Notre alimentation est uniquement faite de patates bouillies agrémentées avec des sauces empruntées dans une grande chaîne de fast food. Il m'arrive pour la première fois de ma vie d'avoir faim. Nous sommes à 2 repas de ce type par jour et je m'emporte régulièrement contre Lili qui me refuse 1 $ pour m'acheter une part de pizza ou une autre offre alléchante mise sous notre nez le long des boutiques du bord de mer.

Une anecdote rigolote nous arrive alors que nous nous rendons chez Mac Donald pour prélever des condiments en libre-service. Nous y prélevons également, lorsque c'est nécessaire le papier toilette. C'est à mon tour de m'y coller. Lili est au volant, moteur allumé devant les marches menant au « restaurant ». Arrivé aux w.c. je constate qu'ils ont remplacé les petits rouleaux par un rouleau de 50 cm de diamètre logé dans un distributeur. Je l'ouvre sans mal. Mais comment masquer ce gigantesque butin pour ne pas être interpellé en sortant ? Je le glisse sous mon t-shirt tant bien que mal. J'ai l'air totalement ridicule, mais personne en ce lieu symbolique de la malbouffe ne semble s'étonner de ma rondeur artificielle. Je me dirige précipitamment vers la sortie et alors que je pousse la porte d'entrée libératoire le rouleau m'échappe et se déroule indéfiniment sur le parking. La situation est assez burlesque. Je cours derrière le papier hygiénique, parviens à le rattraper et me jette dans la voiture en agrippant solidement ma prise. Lili démarre en trombe et comble du ridicule, un ruban blanc de 20 mètres de long pris dans la portière flotte derrière nous !

Il est temps d'améliorer notre ordinaire et d'arrêter les bêtises. Nous cherchons inlassablement du travail. Notre plan d'origine était plus simple. Nous aurions été serveurs, cuisiniers, plagistes ou vendeurs de glace tous les jours de la semaine et nous aurions découvert la Californie durant les week-ends. Notre situation est de toute façon inextricable. Nous ne pouvons pas changer notre billet d'avion, nous n'avons pas de quoi en racheter un autre et nous ne nous estimons pas suffisamment en danger pour appeler nos familles à la rescousse. Quelles que soient les circonstances, notre fierté d'étudiants indépendants ne nous aurait jamais laissés avoir recours à ce dernier joker. Malgré la difficulté de notre situation, nous n'éprouvons pas de frustration ou même de regret. Nous renforçons chaque jour l'amour qui nous unit en découvrant à quel point nous sommes alignés sur cette envie permanente d'aller de l'avant, de ne pas s'apitoyer sur notre sort et d'avancer coûte que coûte.

À force de chercher, nous finissons par être embauchés par un Français. Il tient un restaurant servant principalement des omelettes et des tartes salées en complément des traditionnels muffins et scones qui accompagnent le café. L'homme est sévère, exigeant et très peu accommodant. Ainsi il ne fait aucun effort pour nous permettre de travailler aux mêmes heures. De notre côté, nous avons largement bluffé sur nos expériences en restauration. Lili, soi-disant rompue aux services en salle se retrouve hôtesse d'accueil pour placer les clients. Pour ma part, prétendument cuisinier saisonnier depuis 2 ans, me voilà déguisé en marmiton pour confectionner les omelettes et autres préparations chaudes. Fort heureusement pour nous, ces tâches ne sont pas au-dessus de nos capacités et nous donnons le change. J'ai tout de même un ange gardien mexicain qui m'aide à ne pas rater toutes mes omelettes en m'expliquant patiemment les étapes. Même s'il semble surpris que la formation de cuisine française soit aussi approximative, il se montre bienveillant et patient. Les journées sont éreintantes. Nous donnons le maximum de ce qu'il nous est physiquement possible de supporter. Nous ne travaillons pas aux mêmes plages horaires. J'enfile mon tablier à 5 h 30 du matin et je le rends à 13 h 30, Lili commence à accueillir les clients à 11 h 30 et termine à 20 h 30. Nous nous relayons donc pour dormir en boule dans la voiture dissimulée dans une contre-allée pendant que l'un de nous deux commence ou termine son service.

Au bout de deux semaines de ce rythme infernal, la deuxième paie nous inquiète, il n'y a toujours pas de bonus. Nous devions être payés pour moitié en fixe et pour l'autre moitié en part des pourboires. Cette deuxième partie de rémunération devait nous assurer, à minima, de doubler notre salaire selon notre patron. Lili voit bien passer les pourboires en encaissement et nous n'en touchons pourtant rien. Exténués et remontés contre cette injustice, nous nous en ouvrons au Français despotique. À peine à l'écoute de nos remontrances il nous annonce que c'est la vie et qu'il faut se contenter de ce que l'on gagne. Menaçante, Lili lui rétorque que nous avons conclu un marché ensemble et qu'il doit tenir ses engagements. Alors excédé, il s'emporte et, en nous poussant physiquement vers la sortie, menace de nous dénoncer à l'immigration, car nous n'avons pas de visa de travail. Nous sommes littéralement mis à la porte, truandés de la moitié de notre dû. Nous roulons épuisés vers notre bungalow, abasourdis par ce qu'il vient de se passer. Nous restons seuls, en silence, au coin du feu ce soir-là en repensant à la scène, en essayant de comprendre où nous avons échoué à faire valoir nos droits, à ce que l'on aurait dû rétorquer lorsque nous étions poussés vers la sortie. Longtemps, nous songerons à nous venger de cet escroc en le dénonçant nous-mêmes à l'immigration pour emploi illicite de sans-papiers, longtemps nous songerons à crever les pneus de sa voiture ou à lui faire payer sa fourberie d'une manière ou d'une autre. Comme tant d'autres dans ce pays, nous découvrons ce sentiment d'injustice, cette frustration de nous être fait exploiter. Ainsi nombre de Mexicains travaillent dans une précarité accablante, sans couverture maladie, sans même un toit pour certains d'entre eux. Depuis notre expérience parmi eux à attendre du travail au feu de Malibu, nous les avons surpris dormant sous les ponts, étendus sur des cartons ou aux abords des plages gisant à même le sable une fois la nuit tombée.

Nous sommes las de chercher encore du travail. Finalement, c'est à nouveau Marcus qui nous en trouvera. Il a parlé à un de ses clients français, importateur de vin, de ces deux étranges locataires et ce dernier lui a demandé de nous faire venir. C'est l'été et les commerciaux de cette entreprise, Français pour la plupart, sont rentrés au pays passer quelques semaines en famille. Après s'être assuré que mon anglais est suffisant, il me lâche assez vite sur la route avec une caisse d'échantillons et une souche de bons de commande. Lili quant à elle prépare mes itinéraires et aide au marketing. Nous avons obtenu un contrat pour 3 semaines. Si je suis terriblement inquiet de ma capacité à vendre du vin je me rends vite compte que les acheteurs, gérant de « liquor store » sont incultes aux finesses de cet élixir. Il me suffit, dès lors, de présenter les flacons avec un accent à couper au couteau qui donne suffisamment d'authenticité au produit pour qu'ils m'en commandent quelques caisses.

À la fin de notre contrat, Bruno, cet aimable Français, nous présente à un autre compatriote qui nous propose le même métier, mais avec de la limonade française. Le challenge s'avère plus complexe et largement moins payé, compte tenu de la faible valeur du produit. Il faut vendre beaucoup de bouteilles pour que l'activité soit rentable. Par ailleurs, nos émoluments ne sont plus fixes, mais intégralement variables. Si bien qu'il me faut parfois négocier avec des stations-service ouvertes tard dans la soirée pour finaliser assez de ventes afin de pouvoir nous sustenter.

L'expérience touche à sa fin. Nous réussissons à effectuer un court périple de deux jours chez des amis français en stage officiel à Irvine, au sud de Los Angeles. Deux jours de pause sur trois mois c'est peu, car déjà nous devons regagner l'aéroport.

Il est 3 h 30 heures du matin, la soirée avec Mona et Alex est formidable et conclut notre séjour en beauté. Nous devons être à l'enregistrement à six heures du matin. Nous avons convenu avec le loueur de voitures de lui laisser la clef du véhicule dans la boîte aux lettres. Mais il n'y a pas de bus de nuit pour aller du loueur à l'aéroport et nous n'avons pas suffisamment d'argent pour nous payer un taxi. Alors nous improvisons une dernière fois dans cet univers impitoyable pour les moins bien lotis. Nous avons trouvé dans le campus étudiant cossu de nos amis un vieux vélo derrière une poubelle. Il n'a plus de pneu à l'avant et pas de freins, mais il roule. Nous le chargeons dans le coffre. Je dépose Lili et les bagages à l'aéroport, il est 4 h 30 heures du matin. Je dois faire vite pour rendre la voiture et revenir avant six heures. Je gare donc la voiture devant chez le loueur, sors le vélo du coffre et insère la clef entourée d'un petit mot de remerciement dans la boîte aux lettres. Adieu la jeep noire qui nous aura bien rendu service malgré sa vétusté.

Il est désormais 5 h 15. Je pédale tant bien que mal sur le bitume du trottoir, évitant la route au maximum, privé d'éclairage. La ferraille grince sur l'asphalte et au bout de 20 minutes de cet enfer « cyclobitumier », je me rends compte que je n'ai presque pas avancé. Je dépense probablement plus d'énergie à faire rouler cet engin infernal qu'à marcher. L'abandonnant alors sur le bas-côté, je m'élance dans une course effrénée pour parcourir les 5 kilomètres restants qu'annoncent les panneaux d'indications.

J'arrive à 6 h 15, au bord de l'asphyxie, au terminal numéro 3 qui regroupe les départs internationaux. Lili m'attend inquiète et prête à enchaîner les étapes d'enregistrement pour ne pas rater le vol.

Assis dans l'avion, nous nous regardons tendrement. Nous avons réussi. Certes, nous n'avons pas visité beaucoup de pays, pas profité des magnifiques plages et des parcs nationaux, mais nous avons tenu trois mois. Nous sommes fiers d'avoir réussi à nous débrouiller, sereins d'avoir découvert qu'en relevant les manches nous sommes à même de surmonter beaucoup de difficultés. Je souhaite à beaucoup de jeunes de vivre une expérience similaire et de prendre conscience de la difficulté de la vie lorsque l'on doit se débrouiller par soi-même. Même dans cette situation qui peut paraître précaire, nous sommes mieux lotis que les Mexicains sans papiers ou tous les démunis. Nous sommes en bonne santé, n'avons pas de famille à charge. Notre expérience n'était justement qu'une expérience, pas une fatalité. Les réfugiés politiques, climatiques ou les sans-abri doivent le vivre au quotidien. Je n'ose imaginer la difficulté de surnager dans la vie, mois après mois, année après année. Et pourtant je pense que notre expérience nous immergea dans ce monde. Elle nous marquera à vie et en profondeur.

***

Le rappel de cet épisode me donne des forces. Avec tous les atouts que possède Biogroupe et l'énergie positive que l'on y injecte, jamais cette entreprise ne pourra sombrer.

Il faut que je mette beaucoup d'application à assembler les pièces du puzzle avec méthode.

L'aménagement dans les locaux de la technopole à Ploufragan est formidable. Nous sommes locataires d'un laboratoire tout neuf ou presque. Une résine antidérapante ocre recouvre le sol, des panneaux isothermes blancs aux murs et au plafond donnent de la profondeur à l'espace. Tout est si propre. Les équipements déjà présents sur place vont nous aider dans notre recherche. Il y a là une chambre froide de 4 m^2 pour la conservation au frais, des évacuations au sol pour laver à grande eau, un autre groupe froid que l'on peut transformer en chauffage. Ces locaux sont idéals pour une entreprise comme la nôtre souhaitant franchir le cap de la production internalisée. Il nous faut désormais l'élément essentiel pour faire du

Kombucha, à savoir une grande cuve ouverte. J'épluche les annonces du « bon coin » à la recherche du contenant magique, les catalogues de produits neufs ne rentrant évidemment pas dans notre budget. C'est finalement un agriculteur voisin de la commune de Moncontour qui acceptera chaleureusement de nous livrer un tank à lait de 300 litres dépourvu de son moteur. Il arrivera le soir même de notre échange en tracteur avec la cuve qui allait servir de base à tout notre process. Aujourd'hui, 10 ans plus tard, c'est toujours cette même cuve qui est utilisée pour préparer le kombucha. Elle a été baptisée « la petite théière » !

Pour fabriquer cette boisson, la recette est la même à la maison ou dans un atelier. Nous devons tout d'abord préparer du thé. Une fois que l'eau atteint 70 ou 80 degrés, en fonction du type de thé, nous ajoutons du sucre. Nous mélangeons et profitons de la chaleur pour faire fondre le sucre. Il faut alors laisser refroidir l'infusion, avant d'y plonger « la mère de kombucha ». Ce « champignon » qui n'en est pas un est en réalité une couche de cellulose dans laquelle se logent des levures et des bactéries. Ajouté au thé sucré tiédi il va permettre d'activer la fermentation. Nous ajoutons parfois des restes de vieux kombucha pour baisser le pH et faciliter le démarrage. En fonction de plusieurs paramètres, que nous testons dans le laboratoire, cette fermentation dure entre 15 et 30 jours. Une fois que le pH et la densité visés sont atteints, nous soutirerons le liquide, et l'aromatisons le cas échéant avant de remplir les bouteilles. Ces dernières sont ensuite placées dans une pièce chaude entre 22 et 24 degrés pour la deuxième fermentation. Celle-ci a pour but de transformer les sucres restants tout en générant du CO_2. Lorsque la boisson est pétillante, grâce au gaz naturellement produit, nous la réfrigérons pour mettre les levures en sommeil et ainsi stopper ou ralentir très fortement l'activité fermentaire. Le kombucha est donc un produit vivant non pasteurisé qui doit être conservé au frais tel un yaourt. Sa fabrication est complexe et se rapproche plus de la bière ou du vin que de la fabrication de sodas.

Nous trouvons la plupart du matériel d'embouteillage manuel dans des catalogues réservés aux vignerons ou aux brasseurs et sur les annonces de produits d'occasion. Seule une machine permettant de sertir les bouchons en aluminium sur le filetage du goulot en verre de la bouteille sera importée d'Allemagne.

Assez rapidement, les essais nous apportent les enseignements nécessaires et nous sommes tentés de passer au stade suivant. Nous décidons donc de commercialiser notre propre production dans des magasins locaux en parallèle de la revente de la production réalisée en Belgique pour notre compte. L'impact sur les ventes est immédiat. Notre production a davantage de succès. Ou peut-être est-elle juste mieux perçue du fait de sa proximité ? En tous les cas, nous en sommes très fiers !

Nos aromatisations sont plus perceptibles, nous les fabriquons en interne. Par exemple, nous achetons du gingembre frais et le pressons nous-mêmes pour en extraire le jus. Tous les allers-retours fastidieux avec le sous-traitant pour améliorer ou modifier une recette sont désormais réduits à quelques heures de travail dans notre labo. Nous gagnons un temps précieux concomitamment à l'accumulation de savoir-faire. Cécile, notre jeune et fringante responsable de production, égaye le laboratoire et programme la musique. Les rythmes de reggae et de soul se propagent et résonnent dans notre univers. Nous franchissons un cap.

Il est d'ailleurs temps d'élargir notre horizon et d'être plus impliqués dans la vie de notre cité, d'être plus inclusifs.

Nous avions déjà mis en place, près de Bruges en Belgique, l'embouteillage dans un atelier de personnes en situation de handicap. Notre prestataire apportait le kombucha en citerne dans cet atelier pour qu'il y soit conditionné.

Nous nous rapprochons d'un Esat local et nous commençons à faire venir quelques personnes en situation de handicap dans notre univers atypique désormais rempli de rires et de chansons. L'intégration fonctionne à merveille. Des deux côtés, nous démultiplions la joie de nous rendre au travail chaque matin. Et c'est désormais deux ou trois travailleurs de l'Esat, qui viennent, chaque jour, travailler à nos côtés pour produire et embouteiller du kombucha.

La métamorphose salutaire est amorcée.

Nous transformons petit à petit un business de négoce en une véritable entité de production. Nous prenons du plaisir, accumulons de la fatigue saine et échangeons en transparence avec nos clients locaux. Les ventes décuplées permettent un meilleur équilibre financier, m'octroyant au passage un peu de répit vis-à-vis de mes créanciers. La transition entre notre sous-traitant et notre production propre peut avoir lieu. Malgré notre clause d'exclusivité, ce dernier nous annonce inopinément avoir conclu un autre contrat de sous-traitance avec une société de complément alimentaire. Même si ça n'est pas très réglementaire, cela tombe au bon moment. Nous reprenons le contrôle de notre destin et lui du sien. Les planètes sont alignées. Le ciel est à nouveau la limite à atteindre et plus rien ne nous semble désormais insurmontable.

Chapitre 4
La passion

« Time's fly », disent les Américains. « Avec le temps va tout s'en va », disait Léo Ferré.

Lorsque la vie vous sourit, lorsque le temps d'un instant vous êtes en parfait accord avec vous, que les sons de la vie résonnent à l'unisson, alors les secondes n'existent plus. Elles n'ont pas plus de réalité qu'une myriade d'étoiles filantes au mois d'août. On ne peut les mémoriser ou les compter. Elles appartiennent au monde de l'éphémère. Dans ces périodes de cavalcades intenses, les minutes emboîtent le pas aux secondes. Lasses et esseulées elles s'aboutent en heures. Ces heures s'additionnent à toute vitesse transformant les jours en des instants. L'éphéméride n'est plus la référence. La vie décroche des lois du cycle universel pour imposer son propre tempo.

Cette folie du temps soulève des questions dont les réponses sont parfois plus enfouies dans son soi intérieur qu'elles n'y paraissent. Notre corps et notre esprit ne se mettent pas toujours au même diapason. L'un veut aller de l'avant tandis que l'autre veut se donner du temps et vice versa. Faut-il croquer la vie à pleines dents, à toute allure, en profiter le plus possible ?

D'aucuns diront que l'on risque de passer à côté de l'essentiel. L'essentiel au contraire, est-il de prendre son temps, de méditer sur ce que la vie nous réserve petit à petit et d'être plus en conscience ? Je n'ai pas la réponse, mais mon exemple familial présente clairement deux approches différentes ☺.

En ce début d'année 2013, je suis dans ce tempo instantané. Dans le train qui me ramène de Paris où j'ai accompli, une fois de plus, un certain nombre de formalités légales, comptables et commerciales, je m'octroie enfin une courte pause. Je fais défiler les photos de mon téléphone et je prends conscience de tout ce que j'ai vécu depuis 6 mois. Les évènements sont fourmillants, variés et s'enchaînent à grande vitesse. Les sourires omniprésents attestent d'une période harmonieuse. Les plus beaux entourent la naissance de notre fils le 13 octobre à Saint-Brieuc.

Je suis comblé par la vie… je délaisse progressivement l'écran des souvenirs pour laisser mon esprit divaguer et mettre tous ces évènements en perspective.

Le train est souvent propice à l'introspection. Le bruit sourd de la roue ferroviaire sur le rail, la sécurité apportée par le poids colossal de ce convoi, les paysages qui semblent défiler sans peine sont autant de perceptions rassurantes, enveloppantes. Elles vous transportent dans un autre état, elles ont l'effet du pendule sur le patient de l'hypnotiseur.

Derrière ces vitres en surépaisseur semble s'écouler une autre vie. Le temps d'un trajet, vous n'êtes plus dans la réalité. Vous êtes spectateur du monde extérieur. Parfois, l'on peut même ressentir une forme de voyeurisme, lorsque l'on épie, le temps d'un rapprochement, les automobilistes affairées à se refaire une beauté ou les amants enlacés le long d'une berge jusqu'alors à l'abri des regards. Cette perception d'être de l'autre côté du miroir est une fenêtre d'opportunité pour se remettre en conscience. Elle nous replace face à nous-mêmes, face à notre taille insignifiante au regard de cette civilisation qui défile, là, sous nos yeux. Je pense que le meilleur souvenir de trajet qu'il m'ait été donné de vivre était dans un train en Inde.

***

Le temps semblait s'être arrêté, le train roulait à la vitesse d'un coureur amateur. Le compartiment dans lequel je me trouvais était peu climatisé. L'air frais circulait faiblement, juste assez pour chasser la moiteur ambiante d'une nouvelle journée à 35 degrés. Le rideau, trop court, qui m'isolait du couloir laissait fréquemment poindre des jambes ou des bagages de passage. La rame vivait paisiblement. Les passagers semblaient tout heureux de pouvoir se trouver à bord. Au loin, les rizières succédaient aux roches rouge écarlate. Les buffles enfoncés jusqu'au garrot, dans les mares attenantes aux rizières, contrastaient avec les chèvres, errant dans les caillasses désertiques, à la recherche de quelques racines. Je savourais la perspective d'un long et beau voyage qu'allaient m'accorder la faible vitesse de la vieille motrice diesel et le nombre important de kilomètres qu'elle devait avaler pendant près de huit heures. Aussi les secondes n'étaient pas éphémères, les paysages ne défilaient pas à toute allure. Le rythme lancinant et caractéristique de ce cortège ferré, rythmé par la saccade du passage de la jonction d'un rail à l'autre, m'enveloppait dans un contentement absolu. Bercé par ce convoi protecteur, les yeux rivés à la fenêtre d'un monde nouveau, tous mes sens étaient en éveil, je jubilais et pour la première fois de ma vie je commençai à écrire…

***

J'ai reçu un rappel concernant notre occupation des locaux. Le bail, comme annoncé initialement, est de 2 ans. La Technopole agit comme une passerelle, un incubateur, un tremplin vers la suite. Elle n'a pas vocation à héberger des structures pour de longues périodes. Je me retrouve dans une situation délicate. Même si je pense perdre encore de l'argent sur l'exercice 2013 qui s'ouvre, Biogroupe est proche de l'équilibre. Les ventes décollent sérieusement. Nous améliorons quotidiennement notre savoir-faire de fermentation et d'embouteillage. Mais tout cela est assez précaire et tient principalement au fait que le loyer est pour ainsi dire symbolique. Différents organes de l'état sponsorisent largement ces pépinières pour dynamiser les créations d'entreprise. Qu'adviendra-t-il lorsque le bail prendra fin ? Où ira-t-on s'installer ? Comment pourra-t-on payer un loyer normalisé ? Par ailleurs, j'ai pris conscience de la spécificité technique de notre production. Il nous faut des locaux tri-température. Une salle à température ambiante pour la préparation et l'embouteillage, une salle chaude pour la fermentation et une salle réfrigérée pour le stockage et les expéditions. Cela n'existe pas en location et les travaux à mettre en œuvre pour réaliser ces aménagements risquent d'être onéreux, pour autant qu'ils soient autorisés par le propriétaire. L'issue incertaine de cette situation me pousse vers une chimère que je caressais depuis quelque temps : la construction du propre site de Biogroupe.

J'ai toujours eu beaucoup d'admiration pour ceux qui créent, qu'ils soient artistes, métallurgistes, poètes ou cuisiniers. L'art de ne partir de rien, d'inventer, de mettre en forme me captive. C'est pourtant plus risqué que de suivre un modèle, de répéter les choses, de les faire à la chaîne. Tout comme les marins, qui, emplis d'une audace absolue s'élançaient sur l'océan pour tracer de nouvelles routes, explorer de nouvelles parties du globe. Les défis qui les attendaient étaient colossaux. Ils affrontaient même la terreur de tomber dans les ténèbres au bout d'une terre réputée plate. La quête de liberté, la soif d'indépendance sont fréquemment les moteurs de l'exploration. Dans ce sens prendre le risque de créer notre propre unité de production, d'affirmer notre identité, d'afficher nos valeurs, m'apparaît comme un beau défi. Malgré tout, il soulève immédiatement plusieurs questions essentielles au-delà même de celle du financement, irréel à ce stade. Où ? Comment ? Par qui ? Le fait est que je n'ai jamais construit de bureau et encore moins d'unité de production. Nous sommes en 2013 et je dois imaginer de quoi nous aurons besoin en 2015/2016 à minima. C'est à la fois un pari sur l'avenir et un défi technique considérable que je n'ai jamais relevé et que l'on pourrait aisément m'opposer.

Cela me rappelle une entreprise tout aussi audacieuse dans laquelle je m'étais lancé pendant mes études pour financer ma vie étudiante.

***

Las des baby-sittings, du peu d'intérêt qu'ils revêtent et de la maigre pitance qu'ils offrent, je réfléchis à allier mes envies avec mon gagne-pain. Le monde de la culinarité me fascine. J'admire depuis toujours les cuisiniers. Ces artistes arrivent à transformer des ingrédients en une composition à la fois esthétique et savoureuse. Combien de fois ai-je pu admirer, sur des photos, le magnifique dressage des assiettes ? Le raffinement apporté à la mise en place sublime le résultat. Les petites touches finales s'apparentent aux derniers coups de pinceau que l'aquarelliste posera sur la toile pour lui donner l'éclat final.

Les gestes eux-mêmes sont beaux, presque chorégraphiques. Le quart de tour sec et cassant du moulin à poivre en bois verni, haut comme une bouteille de vin, crisse et délivre une nuée de morceaux arbitrairement concassés. Au-delà de leur fragrance puissante, ils participeront à la subtilité de la texture en bouche.

Le passage de la truffe du Périgord, à la peau striée d'un noir profond, sur la fine lame de la mandoline, réglée avec une précision d'horloger, rappelle le geste du menuisier maniant son rabot. Les lamelles claires et parcourues de veines blanches qui s'en échappent choient dans l'assiette pour allécher l'heureux gourmet. Elles reposent, légèrement cambrées, sur le plat aguichant sensuellement les papilles dans un flirt enivrant.

Et après les gestes, que dire des arômes ? L'inventivité des chefs pour marier les parfums est audacieuse, presque impertinente tant elle bouleverse parfois les usages. Le homard au cacao de Roellinger ou encore la cuisson au foin d'Alain Passart illustrent bien ce culot. Les émulsions savamment accordées et fouettées incorporent en leur sein des herbes aux relents bien trempés comme le cerfeuil, l'estragon ou la sarriette. Leurs arômes subtils ou corsés donnent du relief à cette mousse de nuage qui accompagne bien souvent les mets. Les épices jouent, quant à eux, les arbitres dans cette course à l'harmonie des saveurs. Ils masquent, exaltent, pimentent ou amadouent celles au caractère peu ou trop affirmé pour les mettre au diapason afin que tous résonnent de concert.

Si je m'extasiais devant les chefs, je ne goûtais rien à l'art de la gastronomie. J'étais tout aussi puceau à cette tâche qu'un jeune coq dans une basse-cour. Mon enfance dans une famille nombreuse n'avait pas favorisé l'émergence en moi d'un tel talent. Les repas devaient être complets, mais simples à préparer et en grande quantité. La capacité à nourrir beaucoup de bouches primait souvent sur la qualité gustative.

Je me souviens d'ailleurs de ma grand-mère me narrant, une fois de plus, l'arrivée du micro-ondes dans son foyer. Elle m'expliquait cela avec une émotion forte, me détaillant la magie qu'avait constituée cette invention pour sa famille de 10 personnes. Depuis elle collectionnait les fiches recettes de ce qu'elle considérait comme une petite révolution, pour pouvoir parer à toutes les situations. Face à cette histoire désormais bien connue, mes oncles et tantes s'empressaient d'expliquer comment cet appareil de malheur avait définitivement ôté le fumet des poissons, cassé la texture des brocolis ou massacré les rôtis de bœufs les plus tendres.

À 18 ans révolus, n'ayant pour expérience que mon envie et mon goût d'entreprendre je décide donc de me lancer dans une activité de traiteur à domicile. Le « à domicile » a toute son importance à cette époque puisque j'habite au 7e étage d'un immeuble parisien dans une chambre de bonne de 7 m^{2}. Les équipements qui s'y trouvent ne pourraient servir à préparer quoi que ce soit, puisqu'il ne s'agit que d'un lavabo, d'une bouilloire et d'une plaque de cuisson.

Ma première action est de préparer les menus. Je passe du temps à rédiger et mettre en page 3 menus différents. Ils présentent bien et sont tous constitués d'une entrée, d'un plat et d'un dessert, le fromage étant en option. Pour les établir, je m'inspire de cartes de restaurants, de magazines ou de noms qui semblent s'être accrochées à ma mémoire au fil des années. Je profite de la salle informatique du campus pour imprimer, en format A4, mes formules qui serviront, à n'en pas douter, de support de vente. Je les plie en deux religieusement afin qu'elles puissent aussi, le moment venu, trôner sur la table des convives.

Je m'attelle ensuite à trouver des clients. Je vise les parents des charmantes terreurs que je garde le soir. Je présente à plusieurs couples de cet entourage mon concept de traiteur à domicile. Sans préparation particulière, je me rends compte que je déroule avec aisance un flot mélodieux de mots décrivant mon affaire. À la troisième présentation, j'ai rodé mes arguments, me voilà lancé à expliquer que je m'occupe de tout du début à la fin.

Et de reprendre le programme que j'exécuterai dans les moindres détails :

Les courses au marché le matin pour garantir la fraîcheur ;

La préparation des recettes en fin d'après-midi ;

Le dressage du couvert juste avant le dîner ;

Le service, à l'assiette ou au guéridon, pour chacun des convives ;

Le nettoyage intégral de la cuisine et de la salle à manger une fois le dîner terminé.

La formule plaît, le tarif est élevé, mais finalement raisonnable au regard de la qualité de la prestation. Rapidement, les couples réservent une date et attendent impatients ce dîner sans contrainte. Le premier dîner aura lieu un samedi.

Je récupère, la veille, un gros billet de banque chez Aline et Paul, mes premiers clients, pour aller faire les courses. Aidé des fiches recettes pour les plats qui composent le menu retenu, je me dirige vers le marché Poncelet situé au bas de l'avenue Mac-Mahon, réputé pour la fraîcheur de ses produits. L'air est frisquet en ce jeudi matin de novembre 1999. La soirée de la veille était un simple apéritif chez un de mes bons amis, mais je suis tout de même rentré tard. Si bien qu'il est déjà 11 h lorsque j'arrive le long des étals. J'ai pris le parti de m'offrir une journée de liberté et de ne pas aller en cours. Je me suis persuadé que mon projet entrepreneurial était bien plus riche que les cours d'économie ou de finance qui m'auraient été dispensés. Je me sens libre en arpentant les stands, je les passe en revue un à un avant d'acheter quoi que ce soit. J'aime ce lieu de vie ou le centre d'intérêt est l'alimentation. J'admire, ici, un lieu jaune à l'œil brillant et aux branchies rouge écarlate, gage d'une belle fraîcheur, je m'offusque, là, d'un brocoli lymphatique dont le chapeau commence déjà à jaunir. Je prends le temps de comparer les prix, mais surtout d'interroger sur la provenance et la qualité. J'ai toujours exprimé le plus vif intérêt pour la nourriture. C'est plus fort que moi, je me sens investi d'une forme de mission pour garantir la cohérence de notre subsistance.

Christine Durif-Bruckert écrivait dans un article passionnant sur les enjeux identitaires « on devient ce que l'on mange[3] ». Je suis également convaincu que les aliments que l'on ingère nous définissent d'une manière ou d'une autre.

---

[3] Article « les enjeux identitaires de l'incorporation » dans Revue française d'éthique appliquée 2017/2 (N° 4).

Je marchande et remplis mon sac de course pendant près de 2 heures. Je réalise qu'il faut encore que je passe acheter les ingrédients d'épicerie à Monoprix. La journée dédiée à ce dîner, que j'imaginais amplement suffisante va me paraître extrêmement courte.

En fin d'après-midi, je sonne à la porte de mes clients les bras chargés de courses. J'ai respecté le budget imparti. Grâce à de longues négociations au marché je suis même arrivé à faire rentrer dans ce budget plus de denrées que prévu. J'ai notamment rajouté certaines épices et plusieurs variétés d'herbes aromatiques.

Aline me présente succinctement l'organisation de la cuisine et me montre le vaisselier. Puis elle m'explique qu'elle doit s'absenter et qu'elle ne rentrera que très peu de temps avant le dîner. Je me retrouve seul dans cet appartement. Ce lieu est tellement semblable à ceux dans lesquels je faisais, il y a encore quelques semaines, des baby-sittings que l'environnement me semble familier. Aussi je ne suis pas étonné lorsque j'observe que ma cliente a sorti un molleton beige clair bien annelé ainsi qu'une nappe en coton blanc largement amidonnée et ornée de fines broderies sur les côtés. Le classicisme du décor va de pair avec l'environnement et le quartier.

Je commence par dresser la table. Il semblerait qu'Aline ait sorti le service réservé aux grandes occasions et non à l'ordinaire. Je dispose les assiettes en m'assurant de laisser un espace identique entre chaque convive et de respecter la distance entre le bord de la table et chacune des soucoupes en porcelaine, soit environ deux centimètres. De jolies fresques végétales jaunes et bleues ornent les contours de cet ensemble fraîchement sorti du vaisselier pour l'occasion. Telles des enluminures elles s'accordent avec la dentelle de la nappe pour alléger la composition. Un rapide coup d'œil au dos et je trouve la marque de toute porcelaine fabriquée dans le département de la Haute-Vienne, le célèbre tampon au vert de chrome « Limoges France ». L'argenterie, enfin le métal argenté, est également de mise et je m'efforce de sortir du coffret de la ménagère les ustensiles appropriés pour le dîner à venir. Je les place à la française, avec les couverts à viande à l'intérieur et ceux à poisson à l'extérieur. J'aime à respecter également leur orientation :

Côté bombé au-dessus pour la cuillère
Côté tranchant vers l'assiette pour le couteau
Les dents vers la table pour la fourchette

La symbolique du placement des couverts est si complexe qu'elle demanderait une connaissance des différentes époques ou coutumes si l'on voulait se prendre au jeu strict de ce savoir-vivre séculaire. Ça n'est évidemment pas mon cas, mais j'ai aimé entendre les histoires de vieilles tantes transmettant cet art de la table. Elles évoquaient par exemple avec précision la disposition des couverts dans l'assiette. S'ils formaient un triangle pointant vers le haut sans toutefois se toucher, le convive souhaitait marquer une pause. Si la fourchette, dents face au verre était barrée à la perpendiculaire par le couteau, il souhaitait passer au prochain plat. Enfin le plus connu d'entre eux, si les deux accessoires étaient rangés l'un à côté de l'autre parallèlement il avait terminé.

Après avoir ouvert toutes les portes du vaisselier et tous les placards de la cuisine, je n'avais mis la main que sur deux types de verres : des verres de cuisine sans pied destinés à et de petits verres à pied pour le vin. S'il y avait eu deux tailles de verre à pied, j'aurais été embêté pour les positionner derrière les couverts en une rangée légèrement diagonale au bord de la table. Si je me souviens aisément que le verre à eau, le plus grand, est le plus à gauche, je ne parviens jamais à mémoriser si le verre à vin blanc est à placer avant ou après le verre à vin rouge vers la droite.

J'ai à nouveau passé beaucoup trop de temps à effectuer un seul des aspects de ma prestation, tout comme au marché ce matin. Alors que j'entends la clef tourner dans la serrure, il est 18 heures et je n'ai même pas fini de déballer toutes mes commissions. Aline et Paul s'extasient devant l'arrangement de la tablée et m'encouragent avec beaucoup de bienveillance lorsque je leur annonce qu'il reste beaucoup à faire en cuisine.

Je m'affaire et commence à peler les pommes de terre qui accompagneront le plat. Dans mes recherches, j'avais trouvé une façon simple de les faire cuire au four une fois coupé en 4. Il suffit de les disposer sur du papier de cuisson recouvert d'un filet d'huile et généreusement parsemé d'herbes de Provence : thym, laurier, romarin, basilic, sarriette et estragon. Je parviens aisément à enfourner le tout à 180 degrés. Il est 18 h 30.

Je dois attaquer mon entrée au plus vite. Sur le menu « terroir » retenu par mes clients, il s'agit d'une salade lyonnaise : roquette, œufs pochés, lard fumé, lardons et croûtons accompagnés d'une vinaigrette bien moutardée.

Je m'attelle énergétiquement à la tâche, je découpe, cisèle, mais je prends subitement conscience du mur qui se dresse devant moi.

Je réalise que j'ai mis tout cela en œuvre : j'ai écrit les menus, fait les courses, mis la table, mais, aussi incroyable que cela puisse paraître, je n'ai pas pris en compte le fait que je ne sache pas cuisiner, hormis des pâtes, du riz ou des plats ultra simples.

Cela peut paraître inconscient, mais très souvent j'avance comme cela. Je vais vite, je me lance, je prends conscience des défis qui se dressent face à moi et seulement là je réalise qu'il faut les surmonter ou que j'aurais dû les anticiper. Mais dans ce cas aurais-je été si vite ? Le projet ne se serait-il pas vu brisé dans son élan ? L'optimisme qui m'habite depuis toujours me pousse sans cesse vers l'avant. Il me guide telle une belle étoile. Mais jamais il ne me prévient des montagnes à franchir avant de parvenir à mon but. Ainsi tout paraît facile, comme si, inconsciemment, je me faisais fort d'essayer de gravir tous les sommets quoiqu'il en coûte.

Alors comme de nombreuses fois dans le passé, je m'adapte, j'improvise, mais je n'abandonne pas.

Après plusieurs essais infructueux, je mets en attente la sauce salade. J'observe attentivement la photo de la recette de l'entrée et je m'aperçois qu'un des œufs semble laisser échapper du jaune peu ou pas cuit, de son enveloppe blanche. Je ne sais pas faire les œufs mollets comme c'est indiqué, mais je sais faire des œufs à la coque. Qu'à cela ne tienne, je présenterai différemment et le tour sera joué !

19 heures sonnent j'entends les convives arriver. Au moins, j'ai dressé les salades en assemblant les ingrédients et en coupant l'œuf à la coque pour qu'il ressemble le plus possible à la photo.

Alors que je cisèle énergiquement la ciboulette, la maîtresse de maison entre dans la pièce pour s'enquérir de mon avancée. Les entrées tout alignées et prêtes sur le plan de travail la rassurent et la poussent à me complimenter de nouveau.

Je dois saisir ce moment opportun pour lui sous-traiter la vinaigrette. J'ai déjà vidé plus de la moitié du pot de moutarde avec mes essais ratés et si cela continue il faudra oublier le côté moutardé prévu pour cette sauce.

L'opération n'est pas évidente. Madame est tout apprêtée et maquillée. Ses ongles sont vernis et les notes de tête de son parfum émanent encore distinctement, signe d'une pulvérisation récente. Bref, elle n'est pas précisément disposée à faire une vinaigrette !

Malgré tout, je lui lance un regard épris de panique. Je la remercie vivement de son compliment, mais lui explique que j'ai vraiment peur d'être en retard. Je lui confie mon angoisse de ne pas pouvoir respecter le timing prévu espérant qu'elle se souviendra qu'il s'agit de mon premier dîner en tant que traiteur. Avant qu'elle n'ait le temps de me rassurer, je l'exhorte à m'aider à faire une simple sauce pour la salade prétextant que j'ai quelque chose sur le feu et que cela sauvera mon timing. La sentant indécise, je l'implore du regard avec des yeux de chien battu dans l'espoir de la faire céder. Mon pouls s'accélère, sa réponse sera critique. Elle semble hésiter. Si elle refuse, le mélange déséquilibré d'huile d'olive au vinaigre sur la salade sera l'aveu indubitable de mon méprisable bluff.

Un temps décontenancé devant mon embarras si sincère qu'elle doit juger un peu naïf, elle finit par céder ! Elle accepte de m'aider et me le fait savoir avec un grand sourire complice, impliquant de surcroît une probable discrétion. Pour en être assuré, je l'exhorte à n'en rien dire aux convives et lui promet désormais un dîner sans accros. Je l'observe alors qu'elle exécute efficacement l'assemblage. Le problème de la vinaigrette est réglé !

J'ai franchi une étape et les pommes de terre ont joliment doré dans le four. De surcroît, je peux compter sur mon joker. Il trône en dessert sur 3 des 4 menus. Mon fameux nougat glacé. C'est la seule recette qui me soit acquise et elle me vaut chaque fois des remarques aimables. Je l'ai préparé la veille puisqu'il s'agit d'une préparation glacée. Je l'ai déposé ici même lorsque j'ai récupéré les sous pour les courses.

Je sers désormais l'entrée, les convives sont autour de la table et parlent à demi-mot de cette formule dînatoire originale. J'ai plus d'expérience dans le service. J'ai déjà effectué plusieurs remplacements dans le passé et les gestes sont encore assez frais dans ma mémoire. Je passe à gauche pour poser les assiettes devant chaque convive. Je refais un tour pour servir le vin en passant par la droite cette fois-ci. Il en sera de même pour la desserte des assiettes qui se fait également à droite.

De retour en cuisine, j'attaque la cuisson de la viande. Je ne dois pas me rater, ce sont des ingrédients chers. Il s'agit d'un tournedos Rossini. Le titre du plat m'avait semblé tout aussi attirant que la photo qui l'accompagnait sur la fiche recette. J'aime les superpositions de couches aux textures diverses dans les plats. Par exemple celle d'un joli gratin dauphinois travaillé avec des pommes de terre en lamelles délicatement émincées. Ou encore celle d'un mille-feuille dans lequel la pâte feuilletée, inlassablement repliée puis abaissée, s'exprime à la cuisson en laissant apparaître ses multiples pellicules fines et croustillantes. Mais si j'aime regarder et presque saliver devant des plats et des recettes, aujourd'hui je vends un service que je ne maîtrise pas.

Enfin, je continue et jette les cœurs de filets de bœuf bardés de leurs couennes dans une poêle nappée d'huile. Ça crépite, ça fume, mais ça a l'air de cuire. Je mets les morceaux de foie gras avec du beurre dans une autre poêle. Au bout d'un instant, j'ai l'impression que tout fond, que le beurre se mélange au foie et que l'ensemble mousse. J'arrête immédiatement cette cuisson inappropriée et commence à dresser les assiettes avec les pommes de terre. Mais une fumée noire et épaisse commence à envahir la cuisine. Me retournant vers le fourneau je découvre avec horreur que mes tournedos sont en train de noircir ; sans doute l'effet de l'huile. Aurais-je dû mettre du beurre ? Je les écarte du feu et les retourne. Aussitôt, je suis désemparé. Mes jambes flageolent, mes muscles semblent se relâcher, j'entends mon cœur battre. Dans ma tête, les scénarios se bousculent, tous plus rocambolesques les uns que les autres. Dois-je fuir lâchement ? Dois-je m'excuser et tout avouer ? Je ne vais tout de même pas servir uniquement des pommes de terre ?

On m'appelle, l'entrée est terminée. Je sors rapidement, toujours sans solution avec mes pommes de terre qui refroidissent dans les assiettes. Alors que je fais le tour de la table, les compliments fusent.

Les voix se font plus fortes qu'à mon premier passage. Les hommes rient à gorge déployée et les femmes répondent avec des gloussements plus délicats. Je constate que la première bouteille de vin vidée, ils en ont ouvert une autre dont la moitié semble s'être déjà volatilisée. Alors que je viens de déposer les assiettes dans la cuisine, je ressors et refais un tour de table avec la bouteille de vin. Cette action aura deux mérites : me mettre dans la poche ceux qui n'osent se resservir et enivrer la tablée avant ce qui va suivre.

Cette sortie dans la salle à manger m'a fait du bien. Si un bazar monstre s'amoncelle désormais dans la cuisine avec toutes les assiettes débarrassées, les ustensiles et les plats non lavés, je suis prêt à tenter quelque chose. Les morceaux de viande ne sont pas présentables. Je les prends donc un à un et les gratte pour enlever la partie calcinée sur l'une des deux faces. La viande semble encore tendre malgré ce traitement thermique inadapté. Je la dispose dans chaque assiette et y superpose le foie gras beurré. L'ensemble est tellement disloqué qu'en plus d'une grande cuillère j'utilise mes doigts. Au bout du compte, tout est dans l'assiette, mais c'est absolument imprésentable. J'ai alors le souvenir que ma grand-mère maternelle m'avait montré comment transformer un simple jus en une sauce bien épaisse. Elle ajoutait un peu de farine en chauffant. Si je parvenais à faire cela, le tour serait joué, la sauce napperait et masquerait les pièces de viande tout en les réchauffant.

Je récupère le jus de cuisson de la viande et celui des foies gras, je mélange les deux, rajoute un peu d'eau et mets le tout à réchauffer dans une casserole. Pendant ce temps, je positionne les assiettes dans le four encore chaud de la cuisson précédente pour redonner un peu de chaleur aux pommes de terre flétries et à la viande attiédie. Je trouve de la maïzena, garantie sans grumeaux, dans un placard et en verse 3 cuillères à café dans la casserole. Je mélange sans cesse. La maîtresse de maison déboule à ce moment-là pour me demander de servir les plats. Fort heureusement, les assiettes sont cachées dans le four, la fumée a disparu et je suis attelé devant la gazinière donnant le change du cuistot en action. Je lui demande 5 minutes et la rassure sur le rangement à venir alors que je la sens terrorisée devant le capharnaüm de sa cuisine. Penaude et déconcertée elle repart dans la salle à manger.

Ma sauce a bien pris, la couleur est correcte, mais elle est désespérément fade. Je mouds du poivre généreusement, sale, et ajoute un soupçon de poudre de cardamome dont l'odeur forte semble pouvoir nuancer et lier le reste. L'ensemble est désormais cohérent et goûtu, sans doute un tantinet trop poivré. Je verse cet assaisonnement sur le contenu des assiettes brûlantes sorties du four. L'effet n'est pas parfait. Il aurait mieux valu avoir la sauce sur le côté, mais le nappage bien compact semble tenir sur les morceaux de viande. Il contraste gracieusement avec les pommes de terre jaune ocre aux légers reflets rosés, désormais parsemés de petites taches marron.

J'entre en salle et sers, aidé d'un torchon tant la porcelaine est brûlante. Je me souviens à cet instant que ce service est précieux et qu'il aurait pu ne pas aimer son séjour au four. Fort heureusement, il semble avoir résisté à ce traitement thermique. Je mets en garde les invités pour qu'ils ne se brûlent pas en touchant l'assiette. Cela me vaut un chuchotement admiratif. S'ils savaient qu'ils ne doivent leurs assiettes chaudes qu'à une manipulation désastreuse de leurs plats !

Je retourne dans la cuisine pour préparer le dessert, anxieux de leur réaction à venir. Je tends l'oreille à la porte pour capter des commentaires, désireux de me rassurer. Rien ne filtre. Les éclats de voix ont cessé. Avec leur maigre salade et les nombreux verres de vin, les convives doivent être affamés ; ils mangent et limitent leurs échanges.

Les tranches de nougats glacés sont positionnées au centre de jolies coupelles que j'ai trouvées dans le buffet. Je verse par-dessus le coulis de framboise, acheté au rayon des surgelés. Je dispose sur le tout, pour finir, un petit duo de feuilles de menthe.

Il est temps, je franchis la porte qui mène à la salle à manger, frontière emblématique entre le monde du travail et celui du divertissement. Les conversations ont repris, moins exubérantes, elles se font désormais dans une sorte d'aparté entre voisins et voisines de table. Je me fais tout petit en passant à droite de chacun pour récupérer les assiettes qui sont toutes achevées. La maîtresse de maison semble satisfaite, même s'il est clair que la gastronomie n'était pas au cœur de ce repas ; le service et la libération de toute contrainte semblent avoir rattrapé à ses yeux mes plats hasardeux. En revanche, lors de la desserte finale, alors que tous ont raclé le fond de l'assiette de nougat glacé et que le rouge du coulis a presque totalement disparu des coupelles, je lis dans ces mêmes yeux un satisfecit bien plus grand que le regard passable lancé précédemment.

Je retourne dans la cuisine que je me suis appropriée, l'histoire d'un dîner. Il faut désormais s'atteler au rangement. Je m'affaire, je récure, lance une machine en programme court, sèche les plats trop grands pour l'égouttoir. Au bout de quarante minutes, j'ai à peu près fini la cuisine. Je m'attelle à la salle à manger. Le groupe, désormais repu, sirote un digestif pour les messieurs, une tisane pour les dames. Ils me regardent faire des allées et venues. Je crois lire une forme de soulagement dans le regard des hôtes qui n'auront pas à subir la corvée de nettoyage. C'est ce que j'ai promis. Alors je continue, je vide le lave-vaisselle, empile tout ce qui est à ranger dans le buffet pour ne pas trop déranger en passant de l'autre côté de la cloison.

J'entends les invités qui se lèvent. On m'invite à dire au revoir. Deux couples sur trois demandent mes coordonnées.

La porte claque je me retrouve seul face aux occupants des lieux. Je leur montre la cuisine. Ils me disent combien ils ont été satisfaits du travail accompli. Ils semblent sincères. Ils me payent les 1000 francs promis et me congédient poliment.

Je suis éreinté, mais heureux. J'aurai passé près de 12 heures à réaliser cette prestation. L'argent facile n'existe pas. Ce fut beaucoup plus intéressant que le baby-sitting, cependant le salaire ramené à l'heure est probablement identique. Mais je suis heureux d'avoir relevé le défi que je m'étais fixé. Heureux de m'être lancé dans une aventure totalement inconnue et d'avoir navigué au travers des écueils pour arriver à mon but. Heureux d'avoir créé un concept innovant de travail étudiant.

Je renouvellerai l'expérience une petite dizaine de fois avec une assurance de plus en plus grande en cuisine. La demande sera là, mais le temps nécessaire à la planification et à l'exécution de ce travail sera difficilement compatible avec ma formation et la frivolité de mes envies estudiantines en pleine découverte de la vie !

Chacun de ces dîners fut une formation. Ils me permirent, le temps d'un instant, de pénétrer, seul, un univers inconnu, celui des cuisiniers. Non pas que mon niveau m'autorise à prétendre à ce titre, mais je m'immergeai, chaque fois, dans la préparation, le séquençage et la minutie de l'univers culinaire ! Plus que toute autre leçon, je goûtai à un aspect du métier que je ne lâcherai plus : la faculté d'adaptation.

Les bruits, les contraintes perturbent la réflexion, détourne l'esprit de son focus principal, mais il faut composer.

Le feu crépite sous les poêles, frénétique et vif.

Le couvercle sursaute sur la casserole dont le liquide arrive à ébullition.

La dilatation du métal se fait entendre lorsque le four atteint la température voulue.

Il faut s'adapter en temps réel à chaque situation, trouver des solutions à chaque problème.

Par ailleurs, la création, d'un bout à l'autre, de cette entreprise éphémère participa activement à renforcer ma fibre entrepreneuriale tout en me rassurant sur mes capacités. Elle me permit de relever un défi de plus. Et d'accumuler de la résilience pour me lancer sans crainte dans les nouvelles aventures qui pourraient se présenter.

***

La création de l'usine de Biogroupe se précise et il me faut rentrer dans le vif du sujet.

J'ai visité nombre d'usines au cours de ma précédente vie professionnelle aux États-Unis, que ce soit pour réaliser des audits auprès des fournisseurs ou pour découvrir de nouveaux producteurs et transformateurs. Comme pour le métier de traiteur, j'ai bien l'image en tête de ce vers quoi je souhaite m'orienter, mais il me manque l'expérience. Certes, j'ai acquis plus d'assurance, j'ai un tout petit peu moins de culot, mais il me faut apparaître sûr de moi pour que le projet ait une chance d'aboutir. L'âge adulte semble me priver d'une partie de l'ingénuité de mes jeunes années. La candeur d'un bluff frontal n'est plus aussi spontanée. Il faut préparer un peu plus le terrain, être plus calculateur, anticiper les différents aléas avant qu'ils ne se présentent. Concrètement, je prépare un budget, je planifie le séquençage que je place sur un calendrier et surtout je liste les bénéfices que le projet ne manquera pas de nous apporter.

Mai 2013. Nous commençons à produire de sérieux volumes dans nos laboratoires d'essais. La tension monte d'un cran avec nos bailleurs. Ils ont clairement raison. Nous étions censés faire de petits essais et commencer à produire quelques bouteilles, et voici que nous sortons des palettes entières de produits chaque jour, soit plusieurs milliers de bouteilles. Le rythme est soutenu, chacun croit au projet, et désormais nous n'avons plus de sous-traitants. Nous sommes sans filet. Il nous faut assumer les commandes. Or, les locaux que nous occupons ne sont clairement pas faits pour cela. Les seuils de porte s'écrasent sous le poids des tirs-palettes, la peinture vole en éclat au moindre impact. Les lavages répétitifs à l'eau chaude créent plus de condensation que les VMC ne sont capables d'aspirer. Enfin, le semi-remorque qui se gare tous les soirs devant ce petit laboratoire pour récupérer les palettes qui seront livrées les jours suivants dans toute la France et quatre autres pays (Angleterre, Finlande, Pays-Bas et Suède) contraste fortement avec l'ambiance usuelle du monde de la recherche. Nous avons certes des blouses blanches, mais nous remplissons des bouteilles plus que des éprouvettes !

La communauté de communes semble prête à saisir les perches que je leur ai tendues et à s'investir à nos côtés. Je reviens de mon troisième rendez-vous avec les élus et il s'est étonnement bien passé. Précédemment, la visite de nos installations ne les avait que partiellement rassurés.

Désormais, le projet d'une implantation sur le territoire de la côte de Penthièvre les séduit. Cette zone est comprise entre le cap Fréhel à l'est et la pointe de Pléneuf-Val-André à l'ouest, marquant la partie orientale de la baie de Saint-Brieuc dans les Côtes-d'Armor.

Par ailleurs, nos engagements répondent parfaitement aux besoins de communication du moment. « Vous êtes bio », comme ils disent. Le commerce équitable, la compensation carbone et l'emploi de personnes en situation de handicap viennent parfaire un dossier déjà avantageux pour des pouvoirs publics qui veulent promouvoir un changement dans le sens de la durabilité. Au-delà de la communication, ils croient au projet et la production concrète qui sort du laboratoire permet de se transposer dans la suite de l'aventure. Enfin, les emplois créés pendant notre période d'incubation à la technopole et ceux que nous promettons à l'ouverture de notre site finissent de les séduire.

Le lendemain, je reçois une lettre d'intention. Ils sont prêts à financer notre terrain et notre usine à 100 %. Nous serons propriétaires des lieux à la fin du chantier et nous ne payerons que des intérêts pendant 5 ans avant de rembourser l'intégralité du capital.

C'est une belle victoire ! Je n'arrive pas à croire que je suis en train de faire construire une usine de kombucha. Clairement la première usine digne de ce nom et dédiée entièrement à cette activité en Europe !

Septembre 2013. Les engins de chantier arrivent sur le terrain de la zone d'activité en périphérie d'Erquy qui nous a été alloué. Il est énorme, 9500 m^2. C'était le seul disponible et il était au prix de 8 € du m^2, une aubaine !

Les pelleteuses terrassent le sol. Les instruments de forage réalisent les premiers carottages pour assurer la stabilité du bâtiment sur ce terrain apparemment très humide. Tout s'enchaîne assez vite. Dès la fin du mois d'octobre, l'armature en charpente métallique est posée. Le toit est finalisé en novembre et à la mi-décembre la dalle est coulée. Il faut maintenant attendre le séchage.

Je tiens régulièrement informés les actionnaires. Certains suivent avec curiosité, d'autres avec inquiétude cette future usine qui peu à peu sort de terre.

Avril 2014. Nous avons rassemblé tous ceux qui ont œuvré pour notre projet. Il fait beau, l'air est frais, mais sec. Des tas de graviers, des monticules de terre gisent çà et là, de nombreux engins stationnent tout autour du bâtiment, mais il est terminé !

Nous coupons le ruban symbolique laissant éclater notre joie !

Nous avons réussi. Biogroupe a désormais une adresse, un site de production… À nous de lui donner une âme !

Chapitre 5
L'idéal

Le rythme est désormais établi. Nous maîtrisons chaque jour un peu plus la fermentation du kombucha et travaillons activement à mettre au point un deuxième produit fermenté : un yaourt au lait de coco. La fermentation a cela d'extraordinaire qu'elle ne saurait jamais être parfaitement maîtrisée. Jamais personne n'atteindra la perfection, nous ne ferons que nous en approcher.

Lors d'un de mes voyages au Japon, je me souviens être rentré dans un magasin de couteaux. Une des plus belles boutiques qu'il m'ait été donné d'admirer. Les étagères étaient sobres et le décor minimaliste, mais les lames scintillaient contrastant avec leurs manches sculptés dans la plus large palette de couleur de bois qui soit.

L'homme qui se tenait derrière le comptoir me conseilla avec beaucoup de précisions. Il parlait de ces lames tranchantes comme un botaniste parlerait de fleurs. Son anglais, bien que limité, tentait de décrire les typologies d'arêtes vives qui constituent la particularité du tranchant. Aussi appelé le fil de la lame, c'est la partie qui pénètre en premier dans la matière que l'on coupe ; c'est lui qui va supporter la pression de coupe et effectivement rompre la matière. Il décrivait aussi les manches, mais vraisemblablement cela lui semblait plus accessoire ou le passionnait moins.

Je lui demandai enfin si c'était bien lui qui fabriquait tous ces couteaux ; à la fois pour m'assurer de ne pas être chez un revendeur et si ce n'était pas le cas pour lui adresser un compliment. Il me répondit que non, il ne les fabriquait pas. Il se mit à m'expliquer que pour faire un couteau il fallait une lame, un manche et un aiguiseur. C'était cela son métier. Il commandait manches et lames chez les plus fins artisans de la région et leur donnait vie en les assemblant et en travaillant le tranchant de la lame. Tout d'abord surpris qu'une tâche qui m'apparaissait somme toute accessible, voire accessoire, puisse être considérée comme un art, je l'écoutais me raconter comment son père lui avait appris le métier depuis son plus jeune âge. Il pouvait passer jusqu'à six heures sur une seule lame passant d'une meule à l'autre, d'une pierre fine à une pierre plus grossière, humidifiant sans cesse le grain pour que la chaleur ne vienne pas rudoyer le métal.

La plus marquante des révélations que je retins de cette boutique enchanteresse fut l'approche de la perfection décrite par le marchand. Le terme perfection n'existe pas comme une réalité au Japon. Il constitue un objectif dont on doit se rapprocher. Ainsi la minutie et l'humilité poussée à l'extrême font espérer maîtriser son art au crépuscule de sa vie à condition de se consacrer tout entier à cette tâche. L'abnégation va même au-delà de soi-même puisque l'on caresse l'espoir de dépasser le niveau de son père, qui en son temps, avait dépassé celui de son grand-père. La maîtrise de l'art serait donc le résultat du travail, mais aussi d'une expérience qui dans certains cas dépasse sa propre existence puisqu'elle se cumule avec les apprentissages de ses ancêtres ou de ses maîtres. Cette conviction nipponne rend inaccessible la perfection. Seul demeure l'espoir de s'en rapprocher en y consacrant sa vie. Quelle leçon d'humilité !

Dans la science de la fermentation, cœur de l'activité de Biogroupe, la perfection est encore plus lointaine, puisqu'il existe de surcroît des variables vivantes ! Des millions de micro-organismes divers et variés constituent une partie de la recette et lui donne vie, la métamorphosent, l'enrichissent. Autant dire qu'il serait bien prétentieux de parler de maîtrise de la fermentation. Sauf peut-être à utiliser des méthodes de standardisation industrielles comme celles qui ont jadis conduis à l'extinction de la vie dans notre alimentation.

La stérilisation ou pasteurisation systématique des ingrédients mis en œuvre permet de réduire drastiquement les facteurs externes et les dérives possibles. Cette course des industriels pour produire en toujours plus grande quantité et à bas coût a un prix pour les hommes. Nous avons créé des aliments « morts » qui n'ont plus aucun intérêt nutritionnel pour notre organisme. Ils sont composés de « calories vides » qui apportent de mauvaises graisses/sucres et qui ont perdu leur micronutriment.

Nous payons au centuple l'écart qualitatif de notre alimentation au rabais. L'augmentation des AVC, certaines allergies, certaines carences ou maladies sont le fruit de l'alimentation normalisée et déséquilibrée. On peut aisément imaginer qu'entre un menu traditionnel cuisiné à la maison avec une base d'ingrédients frais et un plat industriel l'écart nutritif est titanesque.

Le premier était traditionnellement composé d'un potage fait maison avec les légumes de saison, d'un plat principal composé d'une protéine et de féculents et/ou de légumes puis de fromages aux flores variés suivis par un fruit. Le second peut prendre beaucoup de formes, mais il sera ultra calorique avec des aliments à la fois très salés et très sucrés, et souvent gras. Face à la publicité des magasins, les plus démunis et les plus ignorants de l'art de la cuisine céderont pour un gratin de pâtes surgelé sans aucun intérêt nutritif. Dans les fast foods, le choix ira vers des nuggets ou des hamburgers accompagnés de frites favorisant largement la formation de cholestérol. Dans les deux cas, les féculents sains et les légumes frais auront complètement disparu de l'assiette au profit de glucides néfastes. Nous avons substitué l'art de la table, moment convivial et structurant pour le corps et l'esprit à l'alimentation automatique, nécessaire pour assouvir l'un de nos sept besoins primaires. Les autres étant : respirer, boire, éliminer, se protéger du froid et de la chaleur, être en sécurité, dormir.

Le coût final pour compenser cet écart chez l'homme est colossal. Fort heureusement pour les Français l'état en assume une grande partie au travers de la sécurité sociale. Les compléments alimentaires, les régimes spéciaux, ou en dernier ressort les médicaments participent à la construction du cercle vicieux de la malbouffe. Malheureusement, les mesures correctives sont bien mieux financées et soutenues que les préventives. L'éducation alimentaire dès le plus jeune âge devrait être mise en place pour les générations à venir. Cependant, cela ne fait pas les affaires de nos industries agroalimentaires trop affairées à remplir les caddies de plats à forte valeur ajoutée ; comprenez à fortes marges.

Des soubresauts de raison commencent à se faire sentir à l'étranger. Ainsi en Amérique latine, pour alerter le consommateur, plusieurs pays ont trouvé une méthode plus efficace que le timide nutri-score maintes fois amendé et pas encore imposé en France. Ils obligent les industriels à mettre bien en évidence sur la face avant du produit les taux de sucre, de sel ou de graisse. C'est le cas par exemple pour les sodas ou les céréales du petit déjeuner. Ils sont apposés dans un cadre gris à côté d'une phrase avertissant sur le danger représenté pour la santé, comme sur les paquets de cigarettes en Europe. Les écoles enseignent ce code couleur et l'intérêt de ces inscriptions à leurs élèves, qui peuvent le partager dans leur foyer et influer ainsi sur les habitudes de consommation. Depuis la mise en place de cette politique éducative, 30 % des produits visés ont été drastiquement modifiés par les industriels pour être vendus sans ce marquage négatif et ainsi ne pas perdre le marché. Quand l'économie rejoint l'écologie… ou alors n'est-ce finalement que du bon sens ?

Chez Biogroupe, nous croyons fortement à l'intérêt d'une alimentation vivante. Pendant des siècles, les humains conservaient la nourriture à l'aide de méthodes naturelles à leur disposition. La technologie n'était pas disponible pour offrir un autre choix. Si le but était la conservation, la méthode permettait en sus une meilleure biodisponibilité des éléments. La lacto-fermentation par exemple, procédé utilisé pour la fabrication de la choucroute, permettait à l'origine de conserver les légumes en hiver. Désormais, les scientifiques ont prouvé que ce procédé fermentaire démultiplie l'absorption par notre corps des vitamines et des minéraux. Il n'y a pas de commune mesure avec une conserve de légumes stérilisée dans un autoclave à plus de cent degrés !

Aujourd'hui, les aliments fermentés pèsent un quart de l'alimentation mondiale. Les exemples de produits fermentés sont nombreux et connus : le pain, la bière, le fromage, la pâte miso ou encore le yaourt. La problématique reste la diminution de ces denrées aux profits de leurs alternatives stérilisées, mais aussi la simplification à l'extrême des paramètres de fermentation.

Si l'on observe le cidre par exemple, le procédé de fabrication est relativement simple. On écrase les pommes dans un pressoir pour en extraire le jus. La fermentation du moût démarre grâce à la flore levurienne naturellement présente dans la peau des pommes. Lorsque les levures ont consommé les sucres et les ont transformés en alcool, on filtre par décantation puis on remplit les bouteilles. Ces dernières vont « reprendre en mousse », autrement dit les levures restantes vont « manger » une partie du sucre résiduel pour former à la fois du CO_2 et de l'alcool. C'est la deuxième fermentation du cidre qui le rend pétillant. À l'inverse, la méthode moderne consiste à injecter des levures sélectionnées dans le mou de pomme pour « cadrer » la fermentation. On ajoute également du sulfite pour éviter les fausses notes. Le tout sera filtré à l'aide de puissantes machines qui clarifieront le jus et lui enlèveront à peu près tous les nutriments restants. Enfin, le jus stérile sera gazéifié puis chauffé à forte température, une fois mis en bouteille, pour optimiser la conservation.

Le produit a ainsi un goût de cidre et il peut être produit à des millions d'exemplaires en étant sûr d'avoir une reproductibilité garantie. Certes, le produit est toujours techniquement « fermenté », mais il ne porte plus aucune de ses caractéristiques d'origine.

Nous croyons très fortement à l'intérêt de la diversité. La diversité des souches, des variétés, des cultures qui renouvellent sans cesse l'ADN de notre alimentation et laissent les vitamines, minéraux et autres éléments cruciaux pour notre corps se développer sans contraintes.

Notre savoir-faire fermentaire et son cycle naturel assez long impose son lot de contraintes. Pour illustrer cela, il suffit de regarder le cycle de production de notre Karma Kombucha. Entre l'étape de l'infusion du thé dans l'eau chaude et la disponibilité du produit final dans nos entrepôts il peut se passer de 4 à 8 semaines. Pendant ce temps, auront lieu : la première fermentation, l'aromatisation, l'embouteillage puis la deuxième fermentation. Nous avons des procédés proches de la bière ou du vin en termes d'échelle de temps.

Toujours est-il que les volumes continuent à augmenter à mesure que nos aromatisations se font plus précises. Là encore, nous avons choisi le chemin le plus difficile en préférant les produits bruts aux arômes. Nous broyons du gingembre frais, infusons de la menthe poivrée ou encore de l'hibiscus. La variabilité des matières premières ainsi que celle de l'extraction ou de l'infusion rendent plus difficile l'ajustement des recettes. Cependant que nous améliorons cela les retours sont exponentiellement meilleurs et ragaillardissent notre ténacité.

Chapitre 6
Le cœur

Le succès de notre campagne de vente en 2014 améliore considérablement notre exercice comptable tout autant qu'il sature l'usine. L'assemblée des actionnaires valide unanimement une première extension de notre unité de production tout juste sortie de terre. Nous en approuverons trois de plus jusqu'en 2018 !

Nous embauchons rapidement. Les besoins dédiés à l'embouteillage sont toujours plus importants. Nous changeons de machine presque tous les ans ! Les règles d'amortissement du matériel sur plusieurs exercices ne s'appliquent pas à ce stade. Notre plus grosse problématique est le délai de commande de l'outillage, qu'il soit neuf ou de seconde main, chez les professionnels.

Nous apprenons à contraindre notre entreprise à ces délais, mais nous souffrons face aux difficultés techniques propres à l'embouteillage. Le nombre de bouteilles qui défilent sur les convoyeurs pousse nos machines semi-industrielles, souvent achetées d'occasion, dans leur zone d'inconfort. Les étiquettes peuvent alors être collées de travers, les niveaux de remplissage se révéler hasardeux et les bouchons mal sertis fuir. Cela oblige à arrêter la ligne, reprendre un à un les produits défectueux et régler à nouveau les machines avant de relancer l'ensemble. Le temps perdu frustre les équipes, déséquilibre les prévisionnels de production, crée des ruptures de stock. Ces aléas de productions sont durs à absorber, d'autant que notre forte croissance est loin d'être linéaire et nous fait hésiter pour planifier les besoins qui seront les nôtres dans six mois ou un an.

Pour apaiser la tension de croissance constante, nous avons maintenu l'habitude de travailler en musique à la technopole.

Les bouteilles s'entrechoquent sur le convoyeur et résonnent dans la salle, ajoutant au brouhaha de la musique diffusée à plein régime. Les playlists des uns et des autres se succèdent et donnent de l'énergie pour travailler. Idem dans les bureaux. On sort pour téléphoner, mais on baisse rarement le volume. L'activité bat son plein chez Biogroupe et heureusement l'ambiance est bonne.

Les pelleteuses sont omniprésentes sur notre terrain, passant d'une extension à l'autre. Les camions qui livrent les bouteilles vides croisent ceux qui acheminent les produits finis vers les clients. Nous vivons une phase dite d'hypercroissance. Le chiffre d'affaires frôle les 50 % de progression chaque année. C'est très dynamisant et flatteur, mais ô combien éprouvant. Nous laissons du monde sur le bord de la route. La pression est forte, le rythme est trop soutenu. Certains des nouveaux recrutés réalisent assez vite qu'ils ne seront pas dans leur élément dans cette fourmilière toujours plus grosse. D'autres donnent tout ce qu'ils peuvent et craquent à bout de souffle.

Je suis peiné par ces échecs. Ils ne me laissent pas indifférent. Celui de Matthieu, qui nous accompagna de 2014 à 2016, me touchera profondément. Il fera un burn-out d'une telle intensité qu'elle se matérialisera en une crise soudaine. Les pompiers viendront le chercher chez Biogroupe. Aujourd'hui, je me remémore régulièrement cette scène et m'efforce désormais de déceler chez les uns ou les autres, les signes avant-coureurs de cette maladie professionnelle inacceptable.

Malgré cette cadence sans répit il faut faire face. Les financements bancaires successifs nous permettent certes de répondre aux besoins d'extensions et d'achats de nouvelles machines, mais ils ne nous permettent pas d'être sereins et de nous acheter du confort. Nous parons à l'essentiel. Les week-ends se mêlent aux semaines, les vacances se font rares et courtes. Lili s'occupe à merveille de notre foyer que je délaisse souvent au profit de cette aventure devenue si prenante. Elle est forte. Nous avons bâti notre couple sur du granite et cet ancrage est plus que jamais nécessaire.

***

L'épreuve la plus délicate que nous ayons eu à surmonter et qui forgea profondément la solidité de notre couple arriva au printemps 2005.

Un an après, notre mariage Lili est enceinte ! Je suis transformé par la joie de cette nouvelle. J'ai toujours rêvé d'avoir des enfants et je me réjouis de vivre ce moment tant attendu. Lili est magnifique, sublimée par les hormones de la grossesse et le bonheur qui nous comble. C'est une merveilleuse concrétisation de la solidité du lien qui nous unit.

Nous nous rendons à la clinique pour la seconde échographie, celle des 3 mois qui devrait nous permettre de connaître le sexe de l'enfant. Nous sommes surexcités à l'idée de repartir avec cette information. Nous n'avons d'ailleurs jamais compris ceux qui préfèrent repousser la surprise de cette découverte à la naissance. Notre nature commune, trop curieuse, ne saurait patienter pour une information que l'on sait disponible !

La sage-femme passe la sonde sur le ventre arrondi de Lili. Nous distinguons des images floues, des formes bizarres que la professionnelle nous traduit. Elle transforme ces ombres noires et blanches en un corps, une jambe ou encore un bras. Mais elle semble chercher quelque chose. Changeant de réglages fréquemment elle nous explique chercher le battement du cœur. Les nôtres se mettent soudain à tambouriner violemment contre notre poitrine. Pourquoi n'entendons-nous pas le battement de ce petit cœur ? Que se passe-t-il ?

Après 5 minutes de recherches infructueuses, la sage-femme nous annonce que ce petit corps est sans vie…

La nouvelle est une douche froide. Nous sommes tétanisés par ce diagnostic abrupt. Nous sommes surtout extrêmement surpris. Rien ne nous a jamais préparés à cela. Face à ce drame, notre couple tiendra-t-il ?

Nous rentrons chez nous prostrés et abasourdis. Le silence fait place à la musique ou à nos conversations animées. Le choc est plus lourd à porter que celui d'un décès. À l'exception des accidents, la mort se prévoit habituellement. La maladie, les signes de fatigue extrêmes ou les complications sont des signes avant-coureurs qui préparent à ce moment. Même lorsque l'on est confiant, le doute s'installe, la projection fait son chemin. Dans le cas d'une fausse-couche, il n'y a aucune préparation psychologique, bien au contraire. La vie vous porte, vous êtes dans l'attente d'un épisode merveilleux. Vous êtes préparé à vivre l'un des plus beaux moments de votre vie. La chute est alors dantesque. L'écart entre l'émotion attendue et l'émotion vécue est abyssal, son absorption d'une rare dureté.

Il nous faudra un peu plus d'un an et l'annonce d'un petit battement de cœur vigoureux pour nous remettre de cette épreuve. Pendant de longs mois, les silences et le poids de la peine seront très lourds à porter. Alors que nous formions un couple solide, des tensions se créeront entre nous. Cette année de notre vie sera très instable avec une tentation omniprésente de céder à la colère à chaque situation compliquée. Nos cœurs étaient à vif et notre peine intarissable. Nous aurons navigué 12 mois en eaux troubles, parsemés de récifs sous-marins, occultés par un voile de brume permanent. Nous avons su faire le silence, parler de l'avenir, petit à petit recommencer à imaginer un nouveau futur. Nous avons passé cette épreuve ensemble. Elle nous aura finalement soudés plus fortement encore, pour affronter la vie à deux quoiqu'il arrive désormais, lorsqu'un différend nous oppose, nous le surmontons grâce à la force que nous avons su tirer de cette douloureuse épreuve.

***

Non contents de nous affairer autour du kombucha, nous sommes vraiment impliqués dans le développement de notre yaourt végétal. La recherche entamée trois ans auparavant commence à porter ses fruits et nous obtenons désormais un produit satisfaisant. Le goût de coco est assez équilibré, pas trop prononcé. L'acidité produite par notre fermentation naturelle en étuve, est caractéristique des yaourts traditionnels et tranche efficacement avec le gras du lait de cette noix exotique. En pleine effervescence, je me décide alors à lancer un test de marché pour étudier le potentiel de ce yaourt atypique. Nous achetons des machines d'occasion pour empoter et sceller ce produit complémentaire, mais discordant par rapport à notre gamme actuelle. Le succès ne vient pas tout de suite, la recette subit encore de nombreuses améliorations, mais progressivement nous arrivons à convaincre nos clients et la production fait place aux expérimentations.

Cela participe à complexifier nos opérations et malgré la joie de ce nouveau produit à succès, je ressens une certaine lassitude autour de moi. Certains de mes collaborateurs préféreraient consolider l'existant avant de se lancer dans de nouvelles aventures. Je ne peux pas l'expliquer précisément, mais je sens qu'il faut mener ce développement concomitamment à celui des boissons fermentées. Le timing est bon, notre produit est excellent et notre dépendance au kombucha me fait peur. Certes, nos ventes se développent, mais le produit est encore largement inconnu. Ma crainte vient de l'effet mode qui pourrait soudainement s'estomper au profit d'un remplaçant plus en vogue.

***

Les platanes qui bordent le boulevard du Montparnasse ont retrouvé leur chevelure verdoyante en ce mois de mai 2016. Je file sur mon Vélib pour rallier l'hôpital Cochin. 200 mètres après le métro Port-Royal je gare mon deux roues et me presse au travers des couloirs de cet établissement public jusqu'au service de cancérologie. Me rapprochant de la chambre 417 je salue les infirmières qui me rendent la politesse, désormais habituées à ma présence en ces lieux.

J'ouvre la porte et je trouve ma maman, allongée dans son lit, souriante et radieuse. Nous nous embrassons chaleureusement et commençons très vite à échanger sur ce qui s'est passé dans nos vies respectives depuis jeudi dernier. Elle parle vite, plaisante et narre les anecdotes de ses visites et de sa vie quotidienne avec un naturel et un humour que j'aime tant. À l'exception de la perfusion qui achemine la chimio dans ses veines, on pourrait croire que cet échange est totalement déconnecté du cadre dans lequel il se déroule. À mon tour, j'enjolive les derniers jours de ma vie, que je pimente de quelques traits d'humour dont elle est friande et qui ne manque pas de provoquer des éclats de rire.

Après 30 minutes d'échanges, mon téléphone me rappelle à l'ordre, mon rendez-vous est arrivé. Je laisse mes affaires en vrac près de son lit, l'embrasse à nouveau et fonce à la cafétéria du niveau 0 qui me sert désormais de salle de réunion. Aujourd'hui, c'est un candidat à un poste de vendeur qui vient me présenter son CV. Il est tout d'abord un peu surpris du lieu, mais très vite, il entre dans le vif du sujet et ne pense plus qu'à obtenir le poste pour lequel il postule.

J'ai adapté ma vie professionnelle à la maladie de ma mère dès le début des traitements. Mes quatre sœurs n'ont pas encore la force d'affronter une nouvelle période d'accompagnement en milieu hospitalier. Encore très meurtries par le décès de papa, quelques années plus tôt, pour qui elles avaient assumé avec courage et pendant de longs mois ce rôle alors que j'habitais à 10 000 kilomètres et que Lili était enceinte.

Je suis affecté bien sûr, mais je suis comblé de passer tout ce temps avec ma mère. En dehors des périodes de traitement, je l'emmène déjeuner dans des endroits chaque fois plus surprenants. Nous allons régulièrement au cinéma, au théâtre. Elle m'accompagne pour visiter des magasins bio se disant désormais la plus convertie à cette culture engagée. Le naturel, la fréquence et la dynamique de nos bouts de semaines passés ensemble désacralisent la place que peut fréquemment prendre la maladie dans les échanges. Certes, nous en parlons avec sérieux pour débriefer nos rendez-vous avec les professeurs, mais nous en rions beaucoup, caricaturant la situation à chaque instant. À l'hôpital, nous sommes les cancres de service et le personnel amusé par notre duo comique nous fait les gros yeux en signe de remontrance, pénétrant ainsi, complices, dans notre univers. Les journées défilent à toute allure, masquant la cruauté de cette maladie injuste la frappant quelques années seulement après la perte de son tendre mari. Les soirées sont l'occasion de longues discussions sur des sujets de société, sur la vie. Pour la première fois, nous avons du temps et notre duo n'a pas à composer avec un cadre familial ou social qui souvent influait sur la teneur de nos conversations.

Cette magnifique-horrible période s'achèvera en août à Erquy où maman passera son dernier été, laissant cinq orphelins inconsolables plus ou moins armés pour faire face à la vie. Égoïstement, je pense avoir vécu en huit mois les plus beaux moments avec ma mère qui m'ait été donnés de vivre dans toute une vie. Rien ne remplacera jamais les années avec elle dont je suis désormais privé, mais je garderai à jamais en mémoire ces éclats de rire et cette profonde tendresse dans laquelle nous aurons baigné ensemble pendant des mois.

Le décès de mon père en 2009 était finalement passé assez vite dans ma vie. Après le départ de ma maman le 6 août 2016, je devenais orphelin. C'était pour moi plus relatif, car j'avais déjà constitué mon foyer et ma nouvelle cellule familiale, mais ce fut beaucoup plus dur pour mes jeunes sœurs.

Mais outre le pincement de ne plus voir ses parents alors qu'on est encore si jeune, l'absence de cette génération du dessus, plus sage, plus aguerrie à la vie, venait parfois à manquer. Le fardeau était un peu plus lourd à porter si la vie venait à me jouer des tours. Je ne pouvais partager les joies, les accomplissements, les peines ou même la naissance de mon fils, que seule ma mère connut pour une courte période.

Je n'avais pas de contrecoup à proprement parler. Pourtant on me l'avait longtemps prédit face à l'attitude stoïque que j'affichais après ces disparitions, en revanche j'avais besoin de temps pour moi. Ou plus exactement, il me fallait suffisamment de disponibilité intellectuelle, de bande passante, pour laisser mon esprit accrocher les souvenirs, les parcourir. J'arrivais ainsi à graver plus profondément en moi les sourires qui s'en détachaient, les visages qui me réapparaissaient. Je pouvais enfin distinguer des détails précis que je connaissais tant comme le mouvement de leurs lèvres lors d'un regard empli de tendresse ou l'allongement des rides près de leurs yeux alors qu'un éclat de rire transfigurait leurs visages. Seuls des souvenirs heureux remontaient des limbes de ma mémoire vers mon cortex si demandeur d'une ressouvenance.

Ces visions finirent par se transformer en rêve me laissant ébahi au matin d'avoir vécu une interaction semblant si réelle avec mes parents. C'était pour moi le signe d'une normalisation de ce deuil jusqu'alors incomplet. Mes parents vivaient à nouveau en moi !

Loin de m'attrister, cela me rendit mélancolique et je passais quelques semaines dans cet état. C'est pour moi un état sublime, qui m'a permis toutes ces années de juguler des hauts et des bas, qui pour d'autres se traduit souvent par des sautes d'humeur, voir des dépressions dans lesquelles on s'enferme progressivement et d'où il faut un courage redoutable et souvent beaucoup d'aide pour sortir.

Voici donc une petite ode à cet état qui me fut salutaire : *la mélancolie*.

La mélancolie est la méditation de la tristesse,

L'analyse posée du fatalisme, la contemplation de l'abîme de l'âme.

La mélancolie est un coma émotionnel qui sublime la réflexion brute, comme un vol au-dessus de soi-même.

La mélancolie nous fait prendre conscience de l'entièreté des difficultés en nous mettant face à l'évidence des choix. Elle n'en rend pas ces derniers moins abrupts, mais ils deviennent dès lors acceptables.

La mélancolie laisse souvent entrevoir la lumière, le beau, le bon, le chaud. Elle ouvre la porte vers le sincère, le vrai, les fondamentaux positifs qui nous entourent.

La mélancolie ne s'exprime jamais dans l'immédiateté, on y vient doucement, avec apaisement, parfois à bout de souffle quand la colère est vaine.

La mélancolie s'exprime comme une légère ivresse qui fait divaguer la pensée hors du cadre et du temps.

La mélancolie est un état dans lequel on peut se réfugier, se protéger et se reconstruire.

***

Les mois défilent, laissant peu de place pour le deuil. Ma femme, mes enfants et mon travail occupent suffisamment d'espace pour que cela ne soit pas un problème. Par chance, Biogroupe se porte bien et début 2017 le succès est finalement au rendez-vous. Les Karma Kombucha ont trouvé leur place chez plusieurs centaines de milliers de personnes. Nous recevons chaque jour des témoignages encourageants et nous travaillons à sortir de nouveaux parfums pour élargir notre gamme.

En revanche côté YA, notre marque de yaourts, nous n'en sommes pas au même stade. J'ai le sentiment de revenir 7 ans en arrière lorsque j'avais vendu les premières bouteilles de kombucha. Notre recette est de plus en plus précise, mais les premières versions ont détourné pas mal de clients de cette marque naissante pas toujours consistante. Qu'il est dur de ne jamais céder à la tentation industrielle ! Nous pourrions si facilement stabiliser nos produits et homogénéiser le goût en utilisant, ne serait-ce que des ingrédients naturels autorisés en bio. Mais notre engagement et notre militantisme pour une alimentation vivante et toujours plus saine sont ancrés fermement au cœur de notre mission. Alors nous consacrons encore et toujours plus de temps à la recherche et au développement pour pallier aux difficultés et parfaire notre offre.

Mais aujourd'hui, outre les difficultés de stabilité de la recette, il faut se rendre à l'évidence : nous devons arrêter de produire ces yaourts dans notre site de kombucha. Les contaminations croisées entre les levures de la boisson et les bactéries des yaourts occasionnent de lourdes pertes de produits. Les opercules des desserts se bombent comme des ballons de baudruche sous l'action des levures. Désormais, le coût des pertes est supérieur à celui des ventes.

Je me démène pour trouver un nouveau local dans notre zone d'activité, la construction n'étant pas envisageable au vu du délai court dont nous disposons pour ne pas couler le projet. Coup de chance, un garagiste spécialisé en changement de pneus souhaite devenir propriétaire et libère un local à 300 mètres de nos installations. La propriétaire, veuve, est heureuse de pouvoir s'en séparer et l'affaire est conclue tout aussi vite que sont réalisés les travaux d'aménagement intérieurs. Panneaux frigo, canalisations, ventilation, groupes froids, tout est installé dans des délais records. Il faut dire que nous faisons cela en parallèle de la troisième extension du site principal. Les entreprises de travaux sont déjà présentes et nous avons réussi à prioriser ces ressources vers le nouveau site de YA.

Le rythme est vraiment intense, je donne tout ce que j'ai, mais j'ai le sentiment de m'être vidé de toute l'énergie accumulée depuis ma plus tendre enfance. Je suis en train de perdre cette résilience forte que j'ai pourtant appris à maîtriser aux États-Unis. Je commence aussi à manquer de cette inestimable inspiration, de cet instinct si précieux pour naviguer dans ce projet complexe. La créativité m'aiderait à sortir des mauvais pas, à trouver des alternatives.

Remonte alors un projet. Une folie que Lili et moi avions imaginée en 2008 avant d'apprendre la maladie mortelle de mon père : Un voyage autour du monde. Nous devions partir 1 an à bord d'un bateau. Nous avions visité plusieurs voiliers et avions failli céder pour l'un d'entre eux avant d'être stoppés net dans notre élan. La vie nous avait ramenés face à une réalité tout autre et nous avions rapidement laissé tomber ce projet.

Soudainement, je me mets à rêver de nouveau à cette folie. Je sens remonter en moi la soif d'exploration. Elle se distille dans mon imaginaire avec son horizon plus lointain. Elle s'oppose au rythme plus terre à terre de l'entreprise avec ses contraintes court-termistes. Je vois un océan accueillant, prêt à nous transporter vers d'autres cultures, à nous présenter à nos congénères qui observent la lune tandis que le soleil inonde nos latitudes de sa lumière. Je projette aussi une osmose familiale. Un cocon rien qu'à nous pour découvrir le monde, une parenthèse inespérée dans la course de la vie imposée par notre société.

Je prends petit à petit conscience que ce voyage est nécessaire pour moi, mais aussi pour l'entreprise. Je dois me ressourcer, m'inspirer des richesses du monde pour continuer à incuber et à infuser Biogroupe. Je réalise que l'histoire de Biogroupe est intimement liée à ma propre histoire et à ma propre énergie.

Lili accueille cette nouvelle avec un entrain qui ressemble à un soulagement. Comme si elle me signifiait que j'avais mis du temps à me rendre compte de la nécessité d'un tel voyage. Il nous faut désormais circonscrire quelque peu le projet et l'adapter à nos moyens de temps et d'argent. Il nous est impossible de partir un an, de toute façon à ce stade toute durée semble impossible tant le travail absorbe tout mon temps. Après avoir pris en compte la situation de biogroupe, j'entrevois la possibilité de partir sur la période de mi-décembre à mi-février, une fois l'année bouclée, les négociations annuelles avec les clients terminées et le budget pour l'année suivante finalisé. Cela demandera bien sûr un peu d'organisation et surtout beaucoup de travail en amont, mais c'est réalisable. Par ailleurs, je travaillerai à distance depuis mon ordinateur un bon tiers de mon temps ce qui devrait permettre de maintenir Biogroupe dans sa course sans perdre le fil de choses.

Deux mois pour faire un tel voyage semblent courts, mais c'est ça ou rien. Après plusieurs échanges personnels et professionnels, l'affaire est entendue, nous partirons le 14 décembre 2017 pour faire le tour du monde.

Chapitre 7
L'inspiration

Dimanche 19 novembre 2017, 11 h 30, nous nous séchons hâtivement devant le coffre de notre combi Volkswagen. Le soleil est haut dans le ciel, mais il fait frais ! Nous terminons juste une sortie de surf familiale exceptionnelle sur les belles vagues de Saint-Pabu. Cette plage distante de 5 kilomètres de notre habitation offre parfois, à l'automne, des conditions parfaites pour tous les niveaux. Ainsi pendant que Camille, Malou et Hugo s'entraînent à tenir en équilibre dans les mousses puissantes du bord, Lili et moi prenons un vrai plaisir à glisser sur les séries régulières hautes d'un petit mètre. Nous ne sommes pas des professionnels, loin de là, mais nous apprécions d'améliorer nos bases à chaque nouvelle sortie malgré les températures de l'eau et de l'air qui s'accordent en cette période de l'année autour de 10 degrés.

Cette activité sportive familiale terminée, nous brandissons le spectre de l'impréparation aux enfants afin qu'ils se mettent à organiser leur sac à dos pour le voyage à venir. Cette scène est désormais assez familière et s'apparente presque à un déjà-vu. Depuis déjà plus d'un an, nous avons choisi de les responsabiliser pour qu'ils préparent eux-mêmes leurs affaires avant de partir en vacances. Certes, Lili aide Hugo, le plus jeune, qui s'efforce de puiser ses vêtements dans le placard. C'est dans l'équilibre entre chaussettes et pull-over qu'il faut parfois l'aider à arbitrer ! Après tout, il vient tout juste d'avoir 5 ans, un peu d'aide n'est pas superflue. De plus, nous ne partons pas pour une semaine, mais pour deux mois dans de multiples pays aux températures très variées. Les aînées, coquettes et espiègles sont quant à elles presque autonomes dans cet exercice. Du haut de ses 10 ans, Camille inspire sa cadette de 8 ans à reproduire avec minutie ses moindres gestes.

La notion du temps n'est pas encore très développée à cet âge chez les enfants, ainsi ils ne s'interrogent pas sur le fait que nous leur demandions de préparer leurs vêtements pour les « vacances » à venir trois semaines à l'avance. Habituellement, la famille a pour mauvaise habitude de s'y prendre l'avant-veille, tout au plus. Seulement, il ne s'agit pas d'une trêve estivale traditionnelle, mais d'un tour du monde ! Lili et moi nous sommes fixés comme deadline de terminer la réservation des billets d'avion ce week-end. Clairement à moins de 20 jours du départ nous ne sommes pas en avance !

Notre seule avancée jusqu'à présent a été de positionner sur une grande mappemonde, achetée pour l'occasion, les pays par lesquels nous souhaitons passer et le sens de notre boucle. Nous avons aussi réalisé que nous ne pourrions pas nous offrir les billets « tour du monde » des grandes compagnies aériennes. Ces dernières permettent une grande flexibilité dans la mesure où ils offrent, une fois les escales sélectionnées, la possibilité de modifier les dates et les heures sur chaque segment. Outre le coût prohibitif pour nous de ce type de billet, ils ont le désavantage de limiter la sélection des pays au réseau de la compagnie aérienne à travers le monde, restreignant ainsi les choix possibles. Nous avons donc décidé de réserver chaque trajet indépendamment sur les avions les moins chers.

Nous passons l'après-midi à jongler entre les sites internet et les moteurs de recherches pour mettre bout à bout tous les pays souhaités. C'est un travail titanesque. Nous avons un cahier pour noter les bons deals et un autre pour tenir compte du timing. Nous retenons les billets qui trouvent rarement preneur, à savoir ceux qui vous proposent 18 heures d'escale pour une somme très modique. Ainsi la Turquie, non listée au départ, se retrouve dans notre périple le temps d'une longue journée. Il nous faut parfois faire des choix cornéliens, lorsque l'on découvre par exemple qu'il existe un vol direct 3 fois moins cher que ceux avec escales entre l'Arabie saoudite et l'Inde, mais qu'il n'a lieu qu'une fois par semaine.

Nous avons presque terminé, mais nous nous retrouvons bloqués pour le transfert entre le Costa Rica et Cuba. Les relations diplomatiques compliquées de ce pays communiste obligent à une ou plusieurs escales et font bondir le tarif. Lili bilingue en espagnol, après avoir passé un mois chaque été pendant dix ans chez une correspondante ibérique, cherche une compagnie aérienne locale. Bingo, nous trouvons « Cubana de aviacion » ! Les vols proposés sur leur site internet d'un autre âge ne figuraient pas sur les moteurs de recherches spécialisés ! Miracle, ils offrent une liaison directe tous les 21 jours entre les deux pays. Les avions qui figurent sur leur publicité ont l'air d'être de vieux ATR russes et le classement de sécurité de cette société ne coche pas toutes les cases, voir aucune, mais nous validons les billets malgré tout. Ça y est le périple est réservé.

Nous plaisantons en pensant que nous aurions dû ouvrir une agence de voyages tant le gain est important par rapport aux billets de tour du monde ! Si le prix payé est extrêmement compétitif, les horaires sont en revanche importuns, avec nombre d'arrivées à trois ou quatre heures du matin. C'est ainsi que les low cost opèrent en payant moins cher leurs rotations dans les aéroports souvent surchargés en plein milieu de la journée. Qu'importe, nous nous en accommoderons.

Nous choisissons de ne pas réserver d'autres hébergements que celui de la première nuit, préférant laisser les rencontres et les situations guider nos choix.

Nous présentons finalement aux enfants les escales de notre tour du monde en 60 jours, hors escales courtes qui ne permettent pas de sortir de l'aéroport :

Athènes, Grèce : du 3 décembre au 5 décembre
Istanbul, Turquie : du 5 décembre au 5 décembre
Dubaï, Émirats arabes unis : du 5 décembre au 7 décembre
Cochin-Chennai, Inde : du 7 décembre au 16 décembre
Kuala Lumpur, Malaisie : du 16 au 18 décembre
Pékin, Chine : du 18 au 21 décembre
Séoul, Corée du Sud : du 21 décembre au 25 décembre
Okinawa, Japon : du 25 décembre au 8 janvier
Honolulu, Hawaï : du 8 janvier au 10 janvier
Los Angeles, Californie, USA : du 10 janvier au 12 janvier
San José, Costa Rica : du 12 au 24 janvier
La Havane, Cuba : du 24 janvier au 2 février

Ils ouvrent de grands yeux pétillants en contemplant la carte. Ils ne comprennent pas tout, mais l'excitation est à son comble. Ils trépignent à l'idée de s'envoler loin et pour longtemps, nous aussi !

***

Ce projet de voyage peut paraître fou, voire ridicule tant notre présence dans chaque pays sera courte. D'aucuns argumenteraient certainement qu'il aurait mieux valu choisir un ou deux pays et les explorer à fond plutôt que de se lancer dans une course frénétique autour du monde.

Pourtant c'est précisément ce schéma de voyage que nous avons retenu. Nous avons fait cela en conscience. Nous voulons faire le tour du monde. Non pas pour clamer haut et fort à notre retour que la boucle est bouclée et que nous connaissons tout, mais bien pour ouvrir nos yeux à la diversité. Nous souhaitons observer, rencontrer des gens de tous horizons, de toutes les couleurs, qui parlent des langues aux sons inconnus, qui se nourrissent de manière et de mets inattendus.

Nous passerons peu de temps au milieu de leurs vies, mais nous ouvrirons grands nos yeux, nous laisserons nos rétines glaner les couleurs, les détails et les expressions de chacun.

Notre palais apprendra les goûts. Nous nous appliquerons à manger avec des baguettes ou encore à nous servir directement de nos mains en délaissant nos traditionnels couverts. Nos papilles s'ouvriront à des saveurs mystérieuses, tantôt suaves, tantôt pimentées.

Nous humerons des odeurs d'herbe fraîche, de vent iodé, d'épices.

Nos mains effleureront le sable, les arbres ; nos pieds fouleront la terre pour prendre pleinement conscience des nouveaux territoires que nous traverserons.

Nos oreilles discerneront la mélopée de la ville, de la campagne, de la montagne ou de la mer. Elles percevront les sons truculents de la musique des hommes, les clameurs des animaux… les tumultes du monde.

Ces découvertes bouleverseront nos repères et les réinitialiseront pour remettre à plat nos a priori, nos idées préconçues, notre vision de l'autre.

***

Soudain, l'heure n'est plus à la projection, mais à la concrétisation. Nous sommes à Roissy dans la salle d'attente du vol à destination d'Athènes. Nous sommes détendus. Il n'y a pas d'excitation particulièrement visible sur le visage des enfants. Si nous avons organisé ce voyage un peu tardivement, ce qui ne manqua pas d'occasionner quelques instants de panique, nous étions bien préparés à l'idée de ce tour du monde.

Les départs en famille sont devenus, depuis quelques années, des instants d'apaisement plus que d'agitation. Ils marquent le début d'une nouvelle aventure et nous installent tous dans une torpeur bienfaisante. La certitude de vivre quelque chose de fort entre nous nous place dans une attitude sereine, un peu comme si l'on se préparait intérieurement aux évènements à venir.

***

Nos pieds foulent désormais le chemin en gazon clairsemé par de trop nombreux touristes qui mène vers l'Acropole. Ce plateau calcaire rocheux s'élève au centre de la ville d'Athènes.

Il est riche d'histoire puisqu'il servit de citadelle, mais aussi de sanctuaire religieux durant l'Antiquité. Nous avons focalisé notre courte visite en Grèce sur ce lieu, symbole culturel fort.

La vue du haut de cette colline de 156 mètres nous fait enfin prendre conscience que nous y sommes : le tour du monde a débuté. Peut-être est-ce l'échappée sur la Méditerranée, avec au premier plan ces colossales colonnes antiques, qui nous plongent inconsciemment dans le monde d'avant, organisé autour de la mer et de l'aventure ?

Dans le bus qui nous ramène à l'aéroport nous commençons à échanger avec le chauffeur. Son anglais acceptable nous permet de comprendre les réponses à nos multiples questions. Une belle ambiance s'installe autour de son poste de conduite et la conversation se déroule libre et fluide. Il nous livre les secrets pour découvrir et profiter d'Athènes en dehors des sentiers battus si nous y retournons. Nous comprenons à ce moment-là qu'il nous faudra désormais anticiper ces échanges lors des prochaines étapes si l'on veut percer certains mystères des pays inconnus qui nous attendent.

***

La descente vers Istanbul a débuté et les virages de l'avion nous laissent entrevoir les méandres imposants du majestueux Bosphore. Quel symbole éloquent que cette frontière entre les continents asiatique et européen pour plonger plus avant dans notre expédition !

Deniz, notre cher ami, a fait le voyage d'Izmir avec son fils pour nous voir et nous servir de guide pendant notre unique journée dans son pays. Il était, avec une poignée d'autres, l'un des amis du monde, qui partagea notre vie à Los Angeles de 2003 à 2007. Lorsque nous nous sommes quittés, aucun d'entre nous n'avait d'enfant. Voilà que nous nous retrouvons sur sa terre, entourés d'une joyeuse et bruyante marmaille.

La journée passe très vite. Au cours des différentes visites, les langues se délient pour rattraper les années qui nous ont séparés. En remettant mes chaussures sur le seuil de la mosquée bleue, je constate qu'Hugo est en plein échange avec Pamir, le fils de Deniz. C'est surréaliste, ils se parlent dans deux langues complètement différentes et semblent, sinon se comprendre, prendre du plaisir à se dire des choses. Rapidement, ils entament un « loup » sur les pelouses interdites qui font face à la cathédrale Sainte-Sophie. Lili et moi échangeons un regard ému et plein d'espoir pour la suite de notre voyage avant de nous élancer à leur poursuite en haussant le ton ☺.

La journée a été chargée et nous peinons à réveiller les enfants, endormis à même la moquette de la salle d'embarquement pour sauter dans l'avion de Dubaï. Cette immersion de 14 h, au sein de la probable troisième plus grande capitale antique après Rome et Athènes, dont le nom Constantinople, avant 1930, résonnait aux confins du Moyen-Orient nous épuisa autant qu'elle nous enchanta !

***

Les lumières cinglantes et froides des néons de la salle des douanes de Dubaï nous agressent les yeux. Il est 3 h 30 du matin et les rares heures de sommeil n'ont pas été suffisamment réparatrices.

Nos yeux s'accoutument progressivement à l'environnement. Ce qui se déroule sous nos regards ébahis ressemble tout d'abord à une fiction. Puis le décor se fait plus précis. Non nous ne rêvons pas, la scène est bien réelle.

Nous sommes profondément choqués par les files d'esclaves modernes que nous voyons à notre arrivée à l'aéroport. Ils se tiennent à la queue leu leu, un sac plastique dans une main pour tout bagage. Dans l'autre, ils serrent leur laissez-passer et leur passeport tandis que des policiers leur interdisent de parler ou de sortir du rang. A côté notre file de femmes et d'hommes libres contraste fortement et met en exergue cette violation flagrante de la déclaration des droits de l'homme. Ces Indiens, Pakistanais ou Yéménites viennent travailler pour plusieurs mois sur des chantiers pharaoniques ou la température avoisine souvent les 60 degrés. Nous avions lu que les morts étaient nombreux dans leurs rangs, nous en serons encore plus convaincus après les avoir vus peiner sur des échafaudages en plein soleil alors que nous ne tenions pas cinq minutes en dehors de la voiture climatisée.

Nous avons prévu de dormir dans la voiture de location pour économiser une nuit d'hôtel. Dans les rues noires et désertes de cette capitale bordée de déserts, nous finissons par nous garer au hasard et nous avachir dans le coffre, en travers des banquettes, les uns sur les autres pour enfin dormir un peu. Le chant du muezzin sonne un réveil douloureux tandis que le soleil naissant transforme déjà l'habitacle vitré en une véritable fournaise. Il fait probablement 40 degrés lorsque je tourne enfin la clef de contact pour mettre en marche la climatisation. L'air frais se répand comme un fluide salvateur et nous émergeons lentement de notre torpeur en découvrant le décor alentour. Nous avons la sensation d'avoir été parachutés dans ce lieu en pleine nuit et de nous réveiller sans savoir où nous sommes… en fait, c'est bien le cas et il nous faut plus de trois heures pour retrouver notre chemin sans GPS ni téléphone !

Seule la visite du musée du Louvre d'Abou Dhabi, raison principale de notre escale dans ce pays, nous enchante. Ce lieu est tout simplement sublime. Nous sommes subjugués par le style de cette œuvre d'art de Jean Nouvel. Arrondis, entrecroisés filtrent harmonieusement les puissants rayons du soleil tels des persiennes. L'eau se mêle au bâtiment et apporte la légèreté à cet enchevêtrement de béton singulièrement élégant. Les artistes exposés sont presque tous des pontes de l'art mondialement connus. Certes, les œuvres sont belles et régalent nos yeux, mais trop c'est trop, nous sommes révoltés par cette distorsion si violente, à l'intérieur d'un même pays, entre le monde des pauvres et celui des riches. Comment une poignée de nababs peut-elle être aussi insensible aux maux des congénères qu'elle exploite ? Cela nous met terriblement mal à l'aise. La magnificence de ce lieu d'art s'en trouve malheureusement entamée puisqu'il nous est impossible de la déconnecter des souffrances qu'on dû endurer ceux qui l'on construit.

Après la visite du musée, alors que nous roulons en plein désert, nous tombons sur un panneau publicitaire annonçant l'ouverture prochaine d'un Trump Golf Course. Cela finit de nous dégoûter de ce pays qui ne respecte pas plus la Femme, que l'Environnement, que l'Homme en règle générale. De retour à l'aéroport, nous avons hâte de quitter le royaume de l'argent et ses partisans !

***

Notre voyage en Inde commence alors que nous sommes toujours à Dubaï, dans la salle d'embarquement pour Cochin. Nous arrivons longtemps avant le départ de l'avion et commençons à établir notre désormais traditionnel campement familial à même le sol. Nous jouons au « barbu » et absorbés par cette frénétique partie de cartes, nous ne prêtons pas attention à notre environnement. Au bout d'un certain temps, le brouhaha ambiant parvient à nos oreilles. Le hall s'est empli de familles, qui parlent, rient et interagissent. Le sol est jonché d'autres groupes assis en tailleur ou à genoux. Les visages saillants et expressifs contrastent avec ceux que nous venons de quitter, plus ronds et plus fermés. Les couleurs vives de leurs vêtements renforcent l'élégance de leurs traits fins. Le doux tintement des nombreux bijoux en métal ciselés qu'ils arborent participe de concert à ce joyeux melting-pot. Nous sommes déjà un peu en Inde… good Karma !

***

Nous traversons le sud du pays, de Cochin à Chennai, en passant par le Kerala, région renommée pour la culture du thé. La beauté des plantations en plateau est à couper le souffle. Les étages de camellias sinensis, plants de thés, s'étalent à perte de vue dans cette région vallonnée verte entrecoupée de sillons terreux permettant aux cultivateurs de circuler et de transporter les précieuses feuilles.

J'en profite pour rendre visite à des producteurs, goûter les variétés de thé locales et parfaire mon expérience en la matière. Le thé est au cœur de la fabrication du kombucha et son choix tout comme sa préparation sont cruciaux pour obtenir une boisson de qualité.

Notre décision de prendre le bus pour rejoindre Madurai en quittant Mounar est une expérience mémorable ! Après avoir trouvé le bon quai, ou plutôt le bon endroit sur le terrain vague pour attraper la bonne navette, nous sommes emportés par le flux des très nombreux voyageurs. Nous voici propulsés vers le bus de tête à destination de Madurai qui venait d'arriver. Conscients de l'importance d'être placés à l'avant du véhicule pour profiter du paysage et ne pas avoir de maux de cœur sur ce long trajet, nous jouons des coudes avec la même force que les autochtones pour nous hisser aux places prisées de tous ! Opération réussie. Nous nous auto-serrons fortement et étalons les sacs tout autour de nous de manière à prévenir toute tentative de superposition humaine. Nous sommes collés, groupés et ensemble pour 4 bonnes heures de trajet.

Ce bus vaut à lui seul un petit commentaire. Il provoquerait à coup sûr des vagues de dépressions chez le personnel des contrôles techniques français. De même si les forces de l'ordre françaises avaient à le verbaliser, elles arriveraient rapidement à bout de leurs carnets à souche d'amandes forfaitaires.

Le levier de vitesse est constitué par une simple tige métallique qui dépasse à gauche du chauffeur ! Tout autour du pare-brise, on peut voir l'armature bouger de manière totalement discordante, ce qui pourrait être dangereux… s'il n'y avait pas, fort heureusement, des retouches à la fibre de verre, au fil de fer ou au scotch ! Cependant, certaines parties métalliques, qui supposément maintiennent la structure rigide, sont dessoudées et donnent vie à cet ensemble. Je préfère ne pas demander à quoi sert la brique posée à côté des pédales, là où les tongs du chauffeur s'affairent à faire fonctionner un embrayage parfois capricieux. Je découvrirai plus tard qu'il s'agit du régulateur de vitesse maison.

En Inde, les bus sont les plus gros prédateurs : les lions de la route. Ils possèdent les klaxons les plus puissants qui soient ! De quoi rugir plus fort que camions, touk touk, voitures et engins à pédales ! Si fort qu'au début du trajet nos enfants se bouchent les oreilles à chaque retentissement de ce son. C'est-à-dire environ toutes les 30 secondes. S'il aperçoit une moto ou encore un piéton, le chauffeur klaxonne 1 ou 2 fois, s'il traverse une petite agglomération ou dépasse un groupe de véhicules il actionne une sonnerie aux différentes notes pendant 15 secondes. En revanche si une charrette, des vaches ou un véhicule l'empêchent de maintenir sa moyenne de 110 km, alors il garde la main sur ce klaxonne au son de corne de brume amplifié jusqu'à ce que le ou les gêneurs s'écartent. Il est, apparemment, de notoriété publique que ces bus sont autorisés à rouler des deux côtés de la chaussée ou à passer à toutes les couleurs de feux… lorsque ceux-ci fonctionnent.

Le rôle du chauffeur est primordial et tout est mis en œuvre pour qu'il ne se concentre que sur la route. Il est donc assisté de deux ou trois adjoints dont les fonctions sont plus variées qu'on ne le croirait à première vue. Ils perçoivent le prix de la course auprès des voyageurs. Cette tâche à elle seule n'est pas simple étant donnée la multitude de montées et descentes sur un même trajet. Car leur deuxième tâche est de faire monter le plus de personnes possible. Aux arrêts autorisés, lors de ralentissements ou d'arrêt inopportuns, ils hèlent les passants sur un ton racoleur, les invitant à se mêler à cette folle équipée. Décider brusquement de prendre un bus pour Madurai alors que l'on rentrait tranquillement chez soi me laisse dubitatif ! Leur dernière mission consiste à donner des coups de sifflet aussi fort que possible en se penchant à l'extérieur par les portes ouvertes. Enfin par les ouvertures, car à y bien réfléchir il n'y a pas de portes. Ils sifflent à pleins poumons et participent à dégager le passage sur la route, facilitant ainsi, enfin supposément, le travail du chauffeur pour se frayer un chemin.

***

La croisière prend fin et nous débarquons à Madurai, importante ville du centre vers laquelle convergent les pèlerins qui se rendent au temple de Mînâkshî. C'est l'un des temples hindous en activité les plus importants de l'Inde et nombreux sont ceux qui viennent s'y marier ou s'y purifier. À l'intérieur règne un joyeux bazar qui contraste avec le silence caverneux de nos églises. Les marchands de souvenirs et d'amulettes côtoient les regroupements de sikhs ou les cérémonies qui se tiennent dans différents recoins de ce monument gigantesque.

Après avoir passé 2 jours dans cette ville en effervescence, nous rallions Pondichéry en train et nous nous enfonçons dans l'Inde. Nous sommes attirés comme des aimants par Auroville qui ne se trouve qu'à une petite heure. L'histoire de cette ville atypique nous a toujours fascinés, Lili et moi.

En Inde, on s'enfonce. On s'enfonce dans le temps, la foule, les mondes occultes, la boue.

Extrait de *made in Auroville, India* – Monique Patenaude.

Ce passage de notre voyage illustre à merveille ma quête d'inspiration recherchée au travers de cette circumnavigation. Le concept même de cette cité et les rencontres avec ses habitants participeront à développer ma créativité.

Auroville est une ville internationale dont le dessein fut de s'affranchir des religions, des nationalités et d'être le laboratoire de la création d'une société nouvelle. Parti d'un bout de désert de terre rouge, que la déforestation et les moussons successives avaient rendue stérile, cet espace fut racheté petit à petit par des idéalistes et devint 30 ans plus tard une cité verte et prolifique de 2500 habitants répartis sur 20 000 km^2.

Bien sûr, cette initiative issue d'une génération, que les débordements de mai 68 ou de Woodstock avaient rendue suspecte d'anarchisme chronique généra beaucoup de scepticisme. Cette cité peuplée par une jeunesse éprise de liberté et parfois asservie aux drogues rendit le projet assez rapidement utopique aux yeux des intellectuels de l'époque. Malgré tout, elle émergea et devint la cité d'Auroville.

Notre visite et les livres que nous lûmes sur cette aventure, s'ils révélèrent de nombreux travers ne semblent pas faire état de cette jouissance collective insouciante. Certainement parce que la construction de cet ensemble s'avéra extrêmement dure. Les premiers arrivés durent faire face au climat, à la faim, aux maladies, au manque de moyens et à une loi indienne à la fois rigide et fluctuante qui prévaut encore aujourd'hui. En clair, l'environnement était hostile et il découragea de nombreux pionniers pour ne laisser la tâche ardue qu'à une poignée de réfractaires.

Notre visite à Auroville est relativement succincte, mais elle fut ô combien enrichie par la rencontre avec Gilbert, aurovilien depuis plus de 40 ans, avec qui nous passons de longues heures et partageons un déjeuner.

D'origine française, il fut l'un des pionniers, resta 20 ans à Auroville, puis repartit 15 ans en France. Aujourd'hui, il partage son temps entre la France et l'Inde. S'il dit rêver d'Auroville lorsqu'il est en France il est assez acerbe dans ses commentaires sur son idyllique cité. En le questionnant sur des faits précis, tel que la gouvernance ou les ressources il ne peut que nous révéler que cette nouvelle forme de société réinventa dans une moindre mesure les impôts et la finance. Chaque habitant devant reverser 30 % de ce qu'il génère comme revenu à la communauté pour financer les « services publics » tels que les écoles, l'infrastructure ou encore la sécurité. De même, les échanges d'argent étant prohibés entre Aurovilliens, il se créa une banque dans laquelle chacun verse son pécule pour se voir attribuer une carte qui permet les règlements au sein de la communauté.

Malgré ce bémol, de très nombreux points demeurent des avancées notoires concernant les notions de propriété, de nationalité ou de communauté respectueuse de la planète et des hommes.

Quoiqu'il arrive, nous n'avons pas passé suffisamment de temps pour pouvoir juger sur le fond. D'après Gilbert, deux mois sont nécessaires pour découvrir une petite moitié d'Auroville. Pour ma part, l'importance ne réside pas dans l'opinion que je m'en fais, mais dans l'innovation du système sociétal imaginé par des hommes soucieux de changer en profondeur les règles du jeu et la répartition des richesses. Il n'en faut pas tellement plus pour générer de belles réflexions, d'enrichissantes conversations et mener à bien de nouveaux projets.

Le restaurant se révèle être une magnifique surprise ! Nous y mangeons le meilleur repas de tout notre séjour en inde. D'inspiration indienne, les assiettes sont garnies de lasagnes végétariennes, de graines germées et de salades parfaitement assaisonnées. Tous les légumes servis dans cet établissement adjacent du « visitor center » sont bios et cultivés à Auroville. Paradoxe quand Gilbert, qui assuma la charge d'agriculteur/forestier à Auroville pendant 14 ans, nous révèle avec désespoir que la cité n'était capable de produire que 10 à 15 % de ses besoins en nourriture et donc qu'Auroville « importe » encore massivement. Ils sont donc dépendants de ressources extérieures pour l'avitaillement de 2500 personnes, mais travaillent chaque jour à progresser vers une autonomie alimentaire.

La balade digestive qui suit ce plantureux festin nous mène très naturellement vers la Matrimandir, monument central et symbole international d'Auroville. Le chemin forestier que nous empruntons pour y parvenir est parsemé de panneaux décrivant ici la vertu d'une fleur, là un chapitre de l'aventure du lieu. À cet instant, la magie opère. La diversité florale verdoyante poussant sur cette terre rouge jadis vierge et pelée, le calme et la volupté alentours contrastant fortement avec la pollution sonore incessante de l'Inde et cette incitation à une forme de méditation baladeuse, accessible à tous, participent à nous transporter dans le rêve d'Auroville.

À mi-parcours, un banian d'une centaine d'années, seul arbre du lieu avant le commencement, selon la légende locale, occupe un cercle d'une cinquantaine de mètres carrés. Il s'agit d'un arbre sacré dans la tradition hindouiste et bouddhiste.

Résistantes, majestueuses, ses branches ont la particularité de s'enfoncer dans le sol. Des bancs disposés en un cercle tout autour amplifient le sentiment de plénitude qui se dégage de ce noble végétal, indifférent aux idéaux, à l'histoire d'Auroville, à la présence de ceux qui profitent de l'ombre de son feuillage. Nous passons un bon moment protégé par son généreux couvert.

L'arrivée à la Matrimandir me sort de l'état méditatif dans lequel ce chemin m'a finalement amené. J'ai immédiatement la vision du veau d'or, passage biblique de l'Ancien Testament, tristement connu pour démontrer l'appétence humaine pour l'idolâtrie ! Une énorme sphère plaquée or trône dans un parc, représentant probablement la superficie de 4 terrains de football, paysagé et fleuri. L'ensemble est recouvert d'un gazon entretenu et vert comme celui d'un parcours de golf. Des touristes par dizaines se prennent en photos devant cet imposant monument… ce que nous faisons également !

Après avoir lu la difficulté physique et psychologique mise en œuvre collectivement à la création de cet espace, je ne peux que ressentir une forme d'écœurement en imaginant le travail titanesque que nécessita la construction de cette énorme statue alors même qu'à cette période tout venait à manquer. Lors de cette phase de la construction d'Auroville en 1974 les pionniers étaient presque à bout de leurs ressources au sens large du terme. Ils souffraient de malnutrition, de maladie et manquaient cruellement de financements pour acheter des matériaux, louer des engins ou même subvenir à leurs besoins primaires. Ainsi ils s'évertuaient à creuser, monter des murs sur des échafaudages de fortune du matin au soir pour terminer leur « temple ». Bref, ils s'acharnaient autour d'un symbole et par là même répétaient l'erreur humaine de s'attacher d'abord à la forme plutôt qu'au fond.

Malgré cela, l'idéal d'une cité libre tentant de s'affranchir des règles et des dogmes qui régissent nos sociétés modernes habitait et habite encore les membres de cette communauté.

La critique est facile, mais quelle aventure, quelle abnégation pour parvenir à plus d'égalité et plus de liberté tout en respectant mieux la planète et les hommes ? J'éprouve le plus profond respect pour ce groupe d'individus autonomes qui fait avancer le genre humain. Ensemble, ils entreprennent un projet sociétal, non pas en l'écrivant, ni en l'imaginant dans un long métrage, mais en acceptant de le vivre, de le tester pour les autres.

Je ne peux m'empêcher de faire un humble parallèle avec Biogroupe. Cette visite me donne du courage et de l'envie pour continuer à bousculer l'ordre établi. Je continuerai à rechercher un modèle plus vertueux sans hésiter à m'affranchir du poids de certains dogmes désormais désuets.

Nous quittons l'ancien désert rouge, aujourd'hui superbement verdoyant pour nous diriger vers l'aéroport, Auroville étant la dernière étape de notre périple dans ce pays.

Après un court trajet jusqu'à l'aéroport de Chennai, nous abandonnons l'Inde en direction de la Malaisie, portés par des sentiments très ambivalents : le soulagement, la tristesse et déjà peut être un début de nostalgie face à un pays très dur, mais qui vous prend aux tripes et qu'on ne peut laisser derrière soi comme on referme un livre. On y ressent de la spiritualité, de l'énergie et une approche de la vie qui dépasse notre cheminement européen et parfois notre entendement. De partout émanent une posture beaucoup plus discrète, un ego moins affirmé qui s'efface devant la nature. L'homme ne semble pas vivre en tant qu'individu qui doit réussir et gravir les échelons de la hiérarchie, mais plutôt en tant que pièce indissociable d'un puzzle géant. Je ne saurais définir précisément cet ensemble auquel il s'associe mais il va au-delà de la communauté, il est partout et nulle part, il est tout aussi beau qu'il est perturbant et inspirant.

Exalté par ce peuple et son pays, j'écris alors ces lignes spontanément, comme un hommage, comme pour ne pas rester indifférent, comme pour ne pas oublier tout ce que cette terre a pu m'inspirer.

INDE :
Dérive dans l'océan préhistorique
Dieux innombrables adulés, respectés
Astre d'été, à peine voilé toute l'année
Gandhi, Ganesh, gargarisme linguistique
Saris en beauté, bleutés et dorés
Point sur le front et point cynique
Karma, réincarnations ou biblique
Acceptation, composition et liberté
Végétalisé, épicé, thés iconiques
Riz en palier, tamarins ombragés
Dossa, naan, rôtis roulés
Mariné, cendrés effluves aromatiques
Ruminantes et fleurs sacrées
Mouvement de tête et trajectoires obliques
Traditions séculaires laconiques
Souffrances, abnégation et témérité
Couleurs, joie, vie artistique
Discrétion, humilité et effacé

Ouverture, accessibilité, curiosité
Déconcertant, terrifique et magnifique

***

Les pays se succèdent, tous sont marquants, mais certains trouvent une place plus particulière dans nos cœurs. Ils résonnent différemment en fonction des sensibilités de chacun. Je visite l'un après l'autre tous les magasins d'alimentation qui se trouvent sur mon chemin. Je goûte tous les ingrédients qui me sont donné de découvrir, j'active mes papilles à plein régime. Je prends conscience du privilège qui m'est donné de butiner dans cette « alimentothèque » mondiale. Au-delà de la partie gustative, j'observe attentivement les emballages, les présentations, le rapport que les autochtones entretiennent avec la nourriture. Les étals deviennent des livres ouverts sur la culture nutritionnelle des pays traversés. Nous prenons également le temps de visiter des producteurs, des maraîchers ou des vignerons dès que l'occasion se présente. Le prisme s'inverse, mes connaissances franco-américaines du secteur agroalimentaire se font de plus en plus lointaines et de plus en plus insignifiantes face à l'immense diversité qui s'offre à moi. Les écarts notoires que j'observai auparavant entre la vieille Europe et le Nouveau Monde plus à l'ouest ne sont rien à côté des ruptures radicales entre deux pays presque voisins plus à l'est. Entre l'Inde et la Corée du Sud par exemple, il ne convient plus de comprendre les divergences, d'étudier les différences, mais bien de se plonger dans des écoles de cuisines ancestrales aux fondements dissemblables. L'une est influencée par les épices, les herbes, les fruits et légumes tandis que l'autre repose sur une utilisation, sous des formes variées, de tous les produits de la mer accompagnés de mets traditionnellement fermentés et fortement relevés. Et encore, je ne compare que les ingrédients à ce stade. Le fondement même de ces écoles de cuisine, auquel se mêlent souvent la croyance et la médecine, mériterait probablement un chapitre à part entière.

Cet exemple n'est pas unique. Toutes ces découvertes culinaires m'inspirent et me ravissent lorsque je rêve de mettre un soupçon de ces mille richesses au profit d'une alimentation plus saine et plus durable.

Enfin, ces dégustations et observations présenteraient un intérêt moindre si elles n'étaient pas assorties d'échanges. Je pris bien vite conscience de l'universalité du sujet de l'alimentation. C'est bien souvent sous cet angle que nous abordons nos discussions et que nous décelons des points d'accroches. Et lorsque la langue devient une barrière infranchissable, l'appréciation des mets devient un nouveau moyen d'expression commun.

Un sourire lorsqu'une pâtisserie sucrée vous comble de douceur. Un rictus pincé lorsque l'amertume d'un plat vous crispe le visage. Des larmes qui jaillissent lorsque le piment semble atteindre vos sinus. Toutes ces mimiques suffisent à déclencher de la compassion, un fou rire ou un regard reconnaissant. Si je quittais certains pays à regret tant j'aurais aimé creuser l'encyclopédie de leur savoir culinaire, je me réjouissais toujours d'être en route vers de nouveaux horizons.

Après avoir passé quelques jours en Malaisie et en Corée du Sud, nous atterrissons enfin au Japon pour 10 jours très attendus. L'univers culturel si particulier de cet archipel de l'est lointain suscite en nous une franche curiosité.

La saison est hivernale et pas idéale, mais nous profitons au maximum de nos quelques jours dans l'extrême sud à Okinawa. Ce chapelet d'îles concentre une des plus grandes richesses halieutiques au monde. Si les restaurants les plus raffinés semblent être concentrés dans les grandes villes au nord du Japon, l'abondance de l'offre des produits de la mer s'étale ici jusqu'aux supermarchés. Ces derniers offrent, derrière une vitre protectrice, le spectacle de poissonniers aguerris débitant les poissons du jour fraîchement débarqués. Ils manient les couteaux avec une dextérité déconcertante et répartissent leur travail entre des pièces à cuire et d'autres à manger crues. Ils déposent celles-ci dans des barquettes recouvertes d'un film alimentaire. Le rayonnage contigu à cet atelier est une ode à la diversité marine ! Calamars, sérioles, bars, thons, poulpes, carangues, dorades ou oursins emplissent les linéaires. La première fois, nous achetons trois de ces barquettes ainsi qu'une fiole de sauce soja pour donner une chance à cette offre de sushi de supermarché. Même si la découpe semble précise et les poissons frais, l'emballage filmé en plastique et les prix très bas ne semblent pas valoriser le produit et nous laisse dubitatifs.

Mais dès les premières bouchées, les textures fermes ou merveilleusement fondantes, les goûts subtils des poissons blancs, plus affirmés des poissons rosés et rouges, le gras de la Sériole, l'iode prononcé des oursins, tout explose en bouche comme un feu d'artifice. Ce sont les meilleurs poissons crus que nous ayons jamais mangés. Même les restaurants de sushi cotés que nous eûmes le privilège de fréquenter aux États-Unis, ne nous servirent jamais une pêche de cette qualité. Depuis notre séjour à Okinawa ces barquettes seront pour nous le symbole de l'excellence et chaque jour nous varions les plaisirs lors de notre arrêt obligatoire au rayon poisson du supermarché local.

***

Hugo regarde le quai avec des yeux exorbités. Il n'en revient pas. Le Shinkansen, système de train à grande vitesse, est là devant lui. La culture du rail au Japon est phénoménale et des dessins animés avec des trains qui se métamorphosent tournent en boucle sur les écrans des plus jeunes, comme pour leur transmettre cette passion. Plusieurs trains aux couleurs et aux formes résolument différentes, dues aux multiples sociétés qui exploitent le réseau japonais, sont en gare en ce 1er janvier 2018. Les prix largement dégriffés de ce lendemain de fête nous avaient incités à réserver notre retour en avion des îles d'Okinawa vers la ville continentale d'Osaka depuis laquelle nous prendrions le train.

De toutes les rames nipponnes, le Shinkansen est mondialement reconnu pour son confort, sa fiabilité et sa sécurité. Son nez allongé aux formes arrondies ressemblant à un bec de canard le rend à la fois unique et iconique. Il est taillé pour la vitesse ! L'intérieur nous surprend encore plus. Toutes les rangées de sièges sont dans le sens de la marche ! En réalité, elles pivotent à chaque fois que le train change de direction ou peuvent être retournées par les passagers une à une pour créer un carré.

***

La précision est le maître mot de notre immersion nipponne. Elle se lit sur le visage des artisans concentrés et appliqués. Rien ne doit être laissé au hasard et les résultats sont à la hauteur de cette réputation. Malheureusement, elle semble concentrer l'homme sur sa tâche, au détriment de ce qui l'entoure. La société apparaît segmentée. Le rôle de la femme n'est pas clair, mais elle semble être « au service » de son mari. Tout ceci n'est qu'une observation de notre court passage. De toute évidence la compréhension de cette culture séculaire s'assimile sur une période bien plus longue.

En revanche, le pouvoir politique presque dictatorial sous ses airs de démocratie moderne nous saute aux yeux. Nous ne voyons pas un immigré ou un sans-abri mendiant dans les rues. Et pourtant la pauvreté existe, mais elle est masquée. Dans un quartier défavorisé de la banlieue de Kobe où nous dînons, une femme se livre et nous révèle que la dénonciation est monnaie courante et encouragée par les autorités. La police verbalise, incarcère ou renvoie hors de ses frontières les contrevenants sans plus de procédures que cela. Nous en profitons pour l'interroger sur la condition des femmes, sujet qui nous tient particulièrement à cœur Lili et moi. Alors, comme s'il s'agissait d'un comportement naturel au sein d'un couple, elle nous explique que la femme doit attendre son mari le soir à son retour de l'Izakaya, le « pub de sortie de travail ». Elle comprend qu'il ait besoin de se détendre après une dure journée de travail. À son retour au foyer elle lui sert son repas en le regardant en silence. Elle parle s'il le souhaite. Chacun appréciera, mais les dérives concernant la place des femmes dans la société nipponne semblent nombreuses. Par exemple, la loi sur le viol a été modifiée en 2017 pour la première fois depuis 1907, suite à une augmentation significative et continue des cas. Ainsi les timides peines de prison ne passent que de trois à cinq ans à condition toutefois que la victime présente des preuves de menaces ou de coups ayant rendu concrète ou visible sa résistance !

Cette rigidité sociétale et ses conséquences nous laissent un goût amer même si elle n'efface pas la beauté des paysages, la gentillesse de toutes les personnes rencontrées et la fibre artistique de cette nation shintoïste qui vénère la nature comme peu d'autres peuples !

***

Les escales à Hawaï et Los Angeles nous rapprochent de la fin de notre périple. Après avoir communié avec la nature au Costa Rica dans ses forêts primaires, ses nombreuses exploitations biologiques et ses vagues lisses et puissantes en bordure de jungle, nous arrivons à Cuba pour une ultime expérience.

Notre séjour prévoit une escale d'une nuit à La Havane. L'impression véhémente d'arriver dans une ville d'après-guerre est saisissante et il faut habituer nos yeux au décor pour découvrir que les bâtiments dégradés et les parpaings jonchant le sol ne sont pas le fait de mortiers et d'obus, mais d'une lente dégradation qui débuta il y a près de 70 ans ! Paradoxalement, les immeubles et les rues animées qui défilent sous nos yeux paraissent beaux et leurs états authentiques permettent de se plonger dans le passé en fermant les yeux et en imaginant les mêmes scènes dans les années glorieuses de cette île des Caraïbes.

Notre logement d'un soir, quoiqu'exigu et bas de plafond, est à la fois central et correctement rénové. Nous sortons immédiatement pour déambuler longuement dans les rues, admirant les églises et les places, marquant l'arrêt, ébahis devant des boutiques aux étalages désemplis, observant les habitants qui semblent heureux. L'envoûtement nous ramène à un café non loin de l'appartement dans lequel nous avions aperçu des musiciens se préparer plus tôt. La nuit est tombée, une soudaine douceur vient nous sortir de la torpeur tropicale et la musique commence. Quel éblouissement, quel bonheur d'entendre cette salsa cubaine empreinte d'émotion largement appuyée par des cuivres, aussi antiques que les voitures ! Les chanteurs enfiévrés mettent toutes leurs cordes vocales au service de paroles suaves et enlevées dans lesquelles l'interprète semble glisser des pointes d'humour tandis que nous percevons régulièrement des rires communicatifs entre le public et les musiciens. Nous tapons longtemps dans les mains accompagnant frénétiquement la musique, les filles dansent et nous avons même la chance de partager un moment avec l'un des musiciens qui nous entrouvre alors une lucarne sur son quotidien. Nous nous endormons tard, épuisés, la tête imprégnée de la sorgue cubaine. Tôt le lendemain nous partons pour Cienfuegos afin de rallier la marina qui héberge le bateau que nous avons loué.

Après ce long périple, nous décidons de changer notre méthode d'hébergement afin de cesser, une semaine durant, de porter nos bagages d'un abri à l'autre. Dans la configuration croisière le logement se meut avec nous, permettant d'allier déplacement et repos. Du moins, c'est ce que nous croyons… les instruments classiques pour récupérer des données météorologiques sont proscrits à Cuba et l'internet inexistant en mer. Dès lors, la capitainerie nous a communiqué un fichier météo succinct faisant état d'un coup de vent passager apparemment sans danger. Mais le deuxième jour de navigation, le vent se renforce dangereusement. Longeant la côte nous n'avons pas tellement le choix que de continuer, attendu que nous avions déjà fait la moitié de la route. Nous tanguons désormais dans ce qui est devenu une véritable tempête. L'écran de l'anémomètre indique 45 nœuds. Nous affalons alors le restant de génois pour poursuivre dans une mer fortement blanchie durant de longues heures.

Nous tâchons de dormir quelques heures dans une anse à peu près protégée, espérant un lendemain plus clément. Mais alors que nous sommes à plusieurs miles des côtes, Éole se déchaîne à nouveau et nous devons cette fois-ci naviguer dans un vent établi de 50 nœuds avec des rafales à 55 ! La stabilité procurée par notre catamaran lourdaud rassure les enfants tandis que Lili et moi scrutons GPS, manomètre et cartes à la recherche de la solution la plus judicieuse pour s'abriter coûte que coûte. La tempête fait rage et le danger menace sur ce vieux bateau ou tout peut casser d'un moment à l'autre sans aucun moyen de contacter des secours. Nous optons finalement pour une route face au vent en direction d'un îlot plus proche des côtes qui devraient offrir une barrière à ces rafales qui soufflent désormais la crête des vagues, les rendant fumantes et menaçantes. Nous approchons de la plage jusqu'à risquer de toucher le fond sableux pour nous mettre le plus à l'abri possible. Nous débarquons sur ce bout de terre inhabité tels des Robinsons Crusoé. Les enfants s'élancent, courent et jouent, soulagées de pouvoir se dégourdir les jambes sur cette berge providentielle. Nous sommes, de notre côté, rassurés d'être passé outre la colère d'Éole sans trop de casse matérielle. Pour célébrer notre victoire, nous ramassons des branchages et du bois roulés et allumons un feu de camp alors que le vent baisse enfin. La cuisson du poisson frais sur les braises, la danse des flammes et l'excitation des enfants pour ce repas nocturne fit de cette soirée l'une des plus magiques de tout le voyage.

En sus des quelques langoustes arrachées à leur trou, la canne à pêche louée à la hâte avant le départ nous permet d'améliorer considérablement l'ordinaire.

Malgré une traque élargie, avant notre départ, dans plusieurs « supermarchés » quasi vides, l'avitaillement est chiche et composé en grande majorité de riz.

En plus de quelques jolies bonites immédiatement transformées en sashimis, nous réussissons aussi à sortir de l'eau un de ces ardents barracudas, aux dents acérées, qui pullulent dans ces eaux et arrachent fréquemment les bas de lignes des pêcheurs amateurs. Alors que nous le remontons sur le pont, le bateau-usine se met immédiatement en action ! Les biscottes sont écrasées par Hugo et Malou en guise de panure. Deux œufs et un peu de farine nous permettent de préparer puis de savourer de magnifiques filets de barracuda panés, 30 minutes seulement après l'avoir sorti de l'eau ! Notre appétence pour ces produits de la pêche est grande. Ainsi nous ne refusons pas la proposition de vente, à la nuit tombante, de pêcheurs locaux croisant notre route, pour un pagre de 10 livres pêché dans l'après-midi. Nous les convions à bord et passons une longue soirée arrosée de rhum en leur joyeuse compagnie. Nous dégustons le fruit de leur pêche, ne nous lassant pas d'écouter leurs histoires diverses, colorées et sans cesse émaillées de rires.

Le lendemain matin, le retour au port à l'aube annonce le commencement d'un voyage fastidieux : trois heures de voiture d'un autre siècle, trois heures d'attentes à l'aéroport, neuf heures d'avion, une heure de bus, deux heures de train puis vingt minutes de voiture pour rallier cette ville de sud de Cuba à Erquy ! Mais notre expérience désormais aguerrie des transports et quelques petits coups de pouce nous permettent de transformer ce périple en une nouvelle expérience de voyage familiale pleine d'amour et de gaieté !

Ce dernier segment, certes long, reste malgré tout expéditif en comparaison du temps qu'il fallut à Philéas Fogg en 1872 pour traverser cet océan dans le même sens !

***

Lors de notre retour, de nombreuses personnes, curieuses et intéressées nous sollicitèrent pour connaître notre ressenti sur cette expérience.

Les questions fusaient, simples, directes et enjouées, comme si nous allions être à même de partager un peu de la magie, du mystère, des beautés, très certainement imprimées dans notre cortex. « Alors comment était-ce ? » fut la plus commune de ces gentilles invectives. Tout en donnant le change avec une réponse hautement descriptive et intellectuellement mûrie « c'était top ! » ou « génial ! », je ne parvenais pas à exprimer ce que j'avais dans la tête. Des centaines d'images défilaient à mesure que mon esprit essayait de synthétiser les pays traversés et les curiosités s'y rapportant ; pensant logiquement qu'une énumération bien construite répondrait à coup sûr aux questionnements généraux sur notre voyage.

Seulement, voilà, les longues conversations descriptives séquencées m'ennuient tout autant que les réponses toutes faites, jetées en hâte dans le seul but de mettre fin à une inquisition inconfortable. J'eus aimé avoir le verbe prompt et chargé de sens, savoir dérouler une analyse honnête, adaptée à chaque interlocuteur. J'aurais aimé pouvoir les emmener dans un mini récit haletant, décrivant avec méticulosité les sensations, les ressentis, mettre en émoi leurs cinq sens alors que la précision du récit s'accélérerait. Mais non ! Seul un « c'était vraiment dingue ! » sortait de ma bouche. Tout était trop frais. Je ne savais pas par où commencer.

***

Je pense que ce voyage, plus qu'une succession de visites touristiques, nous marqua en profondeur sur beaucoup de plans. Il est assez compliqué, même encore aujourd'hui, de les cataloguer, de les prioriser et encore plus de les décrire. Mais l'empreinte est là, bien présente au fond de nous, tel un lac secret enfoui au creux d'une vallée de notre âme. Sa distillation apportera sans doute de nouveaux bonheurs, de nouveaux questionnements, de nouveaux doutes. Elle permettra à coup sûr de puiser de l'énergie, des ressources ou encore des idées de nombreuses années durant.

La première évidence qui s'offrit à nous et que nous pûmes tous exprimer assez spontanément auprès de nos proches fut une prise de conscience familiale. Si nous aimions déjà jouer le jeu du clan très soudé et que nous privilégions les instants de notre vie ensemble, comme les week-ends sur notre vieux voilier ou en combi VW, nous resserrâmes clairement les liens qui nous unissaient déjà.

Il est cependant difficile de quantifier l'amour qui règne au sein d'une famille. Il n'est d'ailleurs pas évident qu'il y ait un intérêt, autre que narcissique, à l'évaluer. La nature même du resserrement familial qui s'opéra demeure floue. Elle réside dans le domaine de la connivence, de la spontanéité, de l'attention…

Les 17 trajets en avion côte à côte, les transports en commun parfois épuisants, souvent tard dans la nuit, les chambres d'hôtes ou les logements exigus, mais aussi les moments partagés de contemplation, d'émerveillement, de mise en émoi de nos sens générèrent un afflux permanent de connexions entre nous. De ces connexions émanèrent toutes sortes de sentiments. Parfois des disputes, ou même des larmes, mais souvent des sourires, des rires et beaucoup de tendresse. La durée particulièrement allongée de ce regroupement familial bonifia le traditionnel ordre établi parents/enfants. Non que les rôles fussent inversés ou même perturbés, mais les maillages de l'attention, de l'entraide, du partage et des responsabilités en furent démultipliés. Comme les racines de l'arbre se mêlent et s'entremêlent, on le sait désormais, au réseau micellaire du sol pour mieux communiquer avec leurs congénères, les chemins de la compréhension intrafamiliale s'intensifièrent et grandirent jusqu'à se limiter parfois à de simples regards entre enfants qui en disaient aussi long qu'une chamaillerie ou qu'un compliment.

Vint ensuite la prise de conscience d'une rupture. Elle n'arriva pas immédiatement, mais assez soudainement nous vécûmes une forme de déconnexion avec la vie telle que nous la connaissions.

Le survol d'un monde inconnu sans cesse renouvelé est une expérience assez inhabituelle.

Nous tentâmes dans un premier temps de prendre en compte tout ce que nous découvrions en le mettant en perspective avec notre quotidien. C'est désormais l'usage dans notre société de voyageurs de comparer systématiquement ce que l'on découvre ailleurs avec ce que l'on vit chez soi. Il nous fallut assez vite accepter de lâcher prise.

L'abondance des rencontres, des découvertes, des émotions mêlées à une privation de sommeil permanente et presque enivrante nous fit progressivement échouer sur le rivage d'un monde où la perception ingénue fait abstraction de toute appréciation comparative systématique.

Nous sommes tellement habitués à chercher des repères, à nous sentir en prise, en maîtrise. Comment dès lors apprécier sans juger ?

Nous cherchons sans cesse à ranger chaque expérience dans un tiroir de la grande commode de notre confort. Nos modes de vie deviennent des masques qui obstruent l'inconnu, l'éclipsent tandis que l'on fait rempart de nos certitudes.

Ainsi telle une transe, ce rythme obsédant, ces changements parfois journaliers de langues, de pays, de paysages, de couleurs de peaux, de traditions et de comportements, nous permirent de lâcher prise et de voir à travers nos yeux d'enfant, de jouir à nouveau de cet émerveillement devant chaque chose de la vie.

Ce papillonnement léger qui nous mena alors de découverte en découverte présenta cependant, pour moi en tout cas, une tare fâcheuse. Celle de passer tellement rapidement sur les évènements que l'on ne prit pas le temps de les analyser, d'y réfléchir et donc de les mémoriser.

Heureusement, l'écriture et les photos permirent de coucher régulièrement sur le papier nos impressions pour les conserver intactes malgré notre méthode de vagabondage, assez insouciante.

L'absence de confort et d'occupations routinières donna lieu également à de très nombreuses conversations familiales. Dans ces moments d'écoute, le vécu de l'autre enrichit et dirige nos souvenirs vers les limbes de la mémoire que rien ne peut effacer. Si les contours de ces instants demeurent certainement floutés, comme des rêves semi-réalistes, l'ancrage profond de ces moments nous permettra de les revivre longtemps lors de ces songes cotonneux dont on ne veut jamais s'extirper.

Puisque le but de ce voyage fut d'espérer saisir l'impalpable, alors terminons par la diversité de l'Homme. Au-delà de sa simple couleur de peau, ses traits sont au sens propre comme au sens figuré tellement variés. L'enchaînement de portraits qui défilèrent devant nos yeux ébahis nous fit réaliser combien le genre humain est riche. Certes, l'émigration et le déplacement plus facile des populations depuis le siècle dernier permettent de croiser nombre de cousins éloignés dans son propre pays.

Mais l'acculturation supposée des individus entre eux est toute aussi fuyante que les regards pressés et évasifs de notre mode de vie moderne. Ils masquent la réelle beauté des traits de l'autre. La résultante peut alors exacerber des sentiments assez belliqueux. Le plus connu est la haine de l'autre lorsque sa différence se retrouve assimilée à des préjugés : le racisme. Le second bien que moins dangereux est tout aussi coutumier : l'indifférence. Il consiste à ne pas plus voir la beauté de l'Homme, mais à l'assimiler à un tout sans autres considérations. Bien qu'en apparence assez égalitaire, sa perversion se fige dans sa naïveté. Ses richesses sont logées dans sa culture, son histoire. En faisant fi de cela, on ne peut cerner une personne, comprendre ce qui la fait vibrer, ce qui peut la rendre heureuse. On ne peut la rendre belle !

Mais lorsque l'on plonge dans les yeux de l'Homme tel qu'il est, ancré dans son présent et riche de son histoire, alors on peut entrevoir, commencé à le découvrir. Certaines personnes exceptionnelles de simplicité et de profondeur d'âme ont cette faculté de lire en l'autre, quel que soit le contexte. Dans notre cas, la transe de ce voyage et la multitude de pays visités furent nécessaires pour y arriver.

La prise de conscience de cette diversité presque infinie donne le vertige, fait vibrer, donne par-dessus tout envie d'être soi pleinement et de découvrir l'autre sans cesse et sans attendre…

***

5 février 2018, le givre fond sur le pare-brise à mesure que le chauffage produit son effet. Je me dirige vers les locaux de Biogroupe, serein, apaisé, rechargé ! L'avenir peut être incertain, mais je suis prêt à l'affronter, à me démener pour faire avancer ce projet d'entreprise. La mission est utile, les valeurs écologiques indéniables, les produits bons. Renforcer l'humain semble désormais l'axe à privilégier !

Chapitre 8
La persévérance

Nous sommes sept autour de la table, cinq verres sont posés devant nous. Des carafes d'eau minérale, une corbeille de pain et des formulaires complètent le setting. C'est le troisième service. Tour à tour, nous portons les gobelets à nos lèvres et détaillons consciencieusement nos appréciations sur la couleur, l'astringence ou encore l'acidité. La grille d'analyse sensorielle est dense et les gorgées nombreuses. Heureusement, la mie de pain et l'eau permettent de se rafraîchir le palais de temps en temps et de mettre les papilles au repos. Ce test organoleptique vient conclure un ambitieux programme de recherche collaborative avec l'université de Brest, le Lubem. Avec Monica, Jérôme et Emmanuel, chercheurs en son sein, nous avons embauché Julie, spécifiquement pour ce programme. Elle a tout d'abord travaillé au laboratoire de l'université pendant six mois sous la supervision de chercheurs passionnés et rompus aux essais sur le kombucha. Nous n'en sommes pas à notre première collaboration et il existe désormais une belle connivence entre nous. La deuxième partie de la recherche s'est faite à Biogroupe en collaboration avec notre service R&D et nos maîtres brasseurs. Julie a pu faire le lien entre deux méthodes, deux approches, deux mondes unis pour mieux comprendre la fermentation complexe du kombucha. Pour se rendre compte de cette complexité, il suffit de lire les conclusions de la première partie de l'étude. En effet, le séquençage ADN de notre souche ne relèvera pas moins de 400 micro-organismes vivants ! Ces derniers interagissent les uns avec les autres et se développent, mutent ou meurent au gré des variations de paramètres extérieurs tels que la température, la taille de la cuve de fermentation ou les nutriments dont ils se nourrissent. Il est aisé de prendre conscience de l'ampleur de la recherche fondamentale qu'il reste à mener sur le sujet !

***

Les premières conclusions sont encourageantes et promettent de nouveaux essais à grande échelle prometteurs. Cela illustre bien la tendance qui se dessine pour 2018. Biogroupe performe dans bon nombre de ses engagements sociétaux, écologiques et économiques.

Parfois, il m'arrive de considérer cette entreprise comme un institut dans lequel les produits ne sont que les outils de la recherche sur l'interaction des êtres humains au travail. C'est un véritable laboratoire anthropologique. J'aime imaginer que l'on puisse y changer les choses, y bousculer l'ordre établi.

Incuber des idées, observer ce qui se fait pour en comprendre les fondements et réfléchir à les faire évoluer me passionnent. J'aime surtout la faculté qu'à Biogroupe de mettre en œuvre rapidement de nouveaux essais en la matière. Rien n'est plus adapté qu'une expérience concrète pour tester une hypothèse.

J'ai conscience que je lasse parfois ceux qui m'entourent à cause de cette récurrence de mutation que nous modélisons à grande échelle. Mais quelle richesse collective que de s'astreindre à ne pas forcément suivre les dogmes qui n'ont plus de raison d'être aujourd'hui ! Quelle liberté que d'être acteur du changement ! Et quel espoir en cas de succès que d'espérer entraîner du monde dans notre sillage pour qu'ils s'affranchissent d'une routine souvent désuète et pesante !

Je me suis progressivement éloigné des modèles d'entreprises libérées, d'holocratie et autres. Je ne les critique pas, mais je ne peux me faire à l'idée de sortir d'un modèle pour tomber dans un autre. Tout d'abord parce qu'un modèle est par définition figé et qu'il est dur de le faire évoluer. Mais surtout parce qu'il est impossible de régir une entreprise de service, de maçonnerie, ou d'agroalimentaire de la même manière. La moyenne d'âge des salariés, la ruralité ou encore le secteur propre à chaque entreprise sont des facteurs qui préviennent de fait une homotypie des concepts. Alors je me suis résolu à ne pas copier un modèle en particulier. De ce fait, nous observons, apprenons, tâtonnons, risquons et entreprenons ensemble, l'aventure humaine en entreprise. Nous ne faisons pas de prosélytisme, nous sommes un incubateur pas une référence.

Le niveau d'implication des uns et des autres au sein de Biogroupe est largement disparate. Certains, ne sont peut-être là que pour la proximité et le salaire qu'offre la société. D'autres apprécient les conditions de travail et la bonne humeur. Quelques-uns s'impliquent dans l'expérience, deviennent conscients et acteurs des approches nouvelles qui se mettent en place. Le jugement n'est pas de mise et les positions des uns et des autres sont respectées. Bien souvent, elles évoluent avec le temps et migrent vers une participation plus immersive.

***

2018 est une belle année d'atterrissage pour nombre d'essais passés, désormais transformés.

Comme souvent dans des sites de production comme les nôtres, le personnel a des horaires décalés et des équipements différents en fonction de sa place dans l'entreprise. La plupart du temps, des contraintes d'hygiène et de sécurité obligent à mettre en place deux entrées distinctes pour se rendre à son poste de travail, ajoutant une distance physique à la dissemblance de leur rôle au sein de l'entreprise. Ces critères participent à créer plusieurs catégories de personnel. La scission, qui s'observe la plus fréquemment, se situe entre la production et l'administratif. Malgré tout, nous avons réussi finalement à établir un pont entre les collaborateurs des deux bords.

Après bien des essais infructueux qui visaient à forcer le destin de chaque groupe, un espace de pause stratégiquement positionné devant les portes des deux entrées rassemble désormais les deux flux en un. La « Cuisine », comme on la surnomme, est un lieu vivant, chaleureux que l'on s'approprie facilement. L'espace de 90 mètres carrés offre effectivement une grande cuisine en L avec four, piano 5 feux, machines à café, micro-ondes et double frigidaire pour que chacun trouve de quoi préparer son repas ou sa collation. Des tables en bois massif sur roulettes permettent de moduler des surfaces personnelles ou collectives pour accommoder les déjeuners, dîners d'entreprises ou dégustation de produits. Un canapé club et deux fauteuils en osier viennent compléter l'ameublement du lieu. Ils ont tous en commun d'avoir été dégotés sur le Bon Coin, dans des brocantes ou même au bord de la route comme ce lot de chaises en bois hâtivement embarqué dans la remorque de Biogroupe après qu'il eut été signalé par un rabatteur ! Cette logique économique d'achat deuxième main participe à notre engagement écologique puisque rien ne peut être plus vertueux que de prolonger la durée de vie des objets.

Pour agrémenter cet univers de bois et de béton brut, de généreuses réserves de terre végétale avaient été prévues lors du coulage de la dalle. Elles hébergent aujourd'hui plusieurs palmiers matures déterrés de mon jardin et entre autres un magnifique bananier aux larges apanages vert pomme dont les cannelures contrastées ressortent dans un jeu d'ombre chinoise en transparence. L'éclairage a été conçu écologique, chaud et ajustable pour le confort de chaque instant de la journée ou de la nuit. L'ouverture principale a été pensée large, vitrée et automatique pour permettre de rentrer vélos et trottinettes dans un angle aménagé à cet effet, encourageant ainsi la pratique de ces engins non polluants qui restent secs en tout temps.

L'aménagement des bureaux a été constamment amélioré au gré de notre imagination avec comme priorité le confort. Je me suis d'abord attaqué aux symboles les plus marquants des entreprises traditionnelles. Ainsi je n'ai jamais compris pourquoi un salarié cadre bénéficierait d'une chaise de bureau plus confortable qu'un non-cadre. Au nom de quoi l'ergonomie doit-elle varier selon le statut dans l'entreprise ? J'ai donc effectué une recherche internet avec le critère le plus exigeant en matière de confort. Nombre de sites renvoyaient vers le modèle d'un designer renommé largement plébiscité par les « grands patrons ». Le prix que je n'avais pas renseigné cherchant la meilleure solution en priorité posait problème puisqu'il dépassait allègrement les mille euros par pièce. Loin d'être rebuté par cet obstacle, je cherchai sur des sites de vente d'occasion le fameux modèle et finis par tomber sur un lot de trois de ces chaises pour une fraction du prix neuf. L'assise de l'une des trois nécessitait une réparation. Nous l'envoyâmes chez le fabricant et pour une somme très raisonnable elle nous revint neuve. Il nous faudra près de cinq ans pour que tous les postes de travail bénéficient de ce modèle, mobilisant plusieurs collaborateurs pour guetter avec moi les annonces rentrant dans le budget imparti ! Depuis fin 2017 chaque collaborateur bénéficie de ce modèle premium, ajustable en de nombreux points, pour optimiser sa position de travail !

L'organisation des bureaux sera pensée avec le même souci de confort. La superficie allouée à notre espace administratif est scindée en deux étages, eux-mêmes organisés autour d'un grand open space pouvant accueillir huit à dix personnes et d'un ou plusieurs bureaux séparés par des cloisons et des portes entièrement vitrées.

Nous mîmes progressivement en place un système de bureaux partagés. Cette mesure est de loin l'une des plus contraignantes à mettre en œuvre. Concrètement, nous achetâmes des étagères pour réserver un espace de rangement à chacun afin d'y stocker les affaires nécessaires au travail quotidien. Les dossiers étant logés dans un logement séparé, souvent groupés par service. Chaque matin, il convient de récupérer ses effets puis de s'installer à l'un ou l'autre des postes de travail. Chacun doit s'astreindre à changer d'étage et de zone chaque jour. Les bureaux individuels passèrent dès lors en bureau double ou triple pour parfaire l'égalité du système. Une journée passée dans un de ces bureaux alternera avec une journée passée en open space.

La défiance vis-à-vis de ce système contraignant s'exprima assez vite et je dus faire face aux réticences des uns et des autres avec beaucoup de diplomatie. J'offris de nombreux arrangements pour tenter de satisfaire tout le monde. Ce fut, par exemple, l'occasion d'optimiser notre système informatique pour que les dossiers de chacun soient enregistrés sur le serveur et que chaque ordinateur permette de retrouver sa session de travail personnelle. La téléphonie fut et est encore un sujet délicat. Nous tentâmes de palier ce défaut avec des téléphones portables nominatifs regroupés dans l'entrée et à récupérer par chacun le matin. Le système n'est toujours pas parfait et les transferts d'appels se révèlent aujourd'hui complexes pour ceux que l'emplacement place près des unités fixes qui concentrent les appels entrants. Les fonctions spécifiques comme celle de graphiste durent être traitées séparément pour que l'équité soit complète. Ainsi l'ordinateur adapté fut dupliqué et le graphiste rentra à son tour dans la valse des postes de travail de Biogroupe.

L'avantage premier de ce système permet une plus grande mixité des équipes et des individus. Par exemple, les personnes de la comptabilité côtoient aussi bien la responsable qualité que le technicien de maintenance et inversement. La proximité géographique des collaborateurs participe à créer un lien global dans l'entreprise et la compréhension, les échanges de tous les jours s'en trouvent nettement améliorés. La fluidité rime avec l'efficacité dès lors que la barrière de l'autre n'est plus le premier obstacle. Chacun fait rentrer l'autre dans son univers le temps d'une journée. La meilleure compréhension d'un domaine souvent inconnu attise la curiosité et l'envie de satisfaire son collègue.

Par ailleurs, ce type d'organisation du travail favorise inévitablement les plus discrets, ceux qui ne demandent rien et qui se contentent généralement de ce qu'on leur propose sans rechigner. Ceux-là sont généralement les derniers à oser réclamer un emplacement qui leur plairait. Pas étonnant que les réfractaires fussent, au début, ceux dont le titre, le charisme et la sociabilité prédestinaient à occuper les postes de travail les plus agréables. Pas étonnant non plus que la contestation fut sonore puisque ceux qui ne s'expriment pas ou peu étaient les premiers bénéficiaires de cette mesure. Cela revint à mettre en place un système contraignant pour les trois quarts des collaborateurs pour n'en favoriser qu'un quart, d'ordinaire plus effacé et moins bien servi.

Les années passèrent, nous apprîmes que ce schéma organisationnel était désormais à la mode, et chez Biogroupe les collaborateurs le vivent désormais avec beaucoup de bienveillance. Je ne m'enlève pas de l'esprit que pour beaucoup il revêt tout de même une astreinte organisationnelle complexe. J'avoue qu'il m'est arrivé, lors de journées chargées, avec beaucoup de conversations téléphoniques, dont le contenu se devait d'être tenu secret, de regretter amèrement de ne pas avoir de bureau privé pour éviter les allers-retours incessants vers les salles de réunion ou l'extérieur.

Résolument partisan d'une organisation équitable, je ne mis pas longtemps à « libérer » également les véhicules de société. Désormais, les collaborateurs bénéficiant d'une voiture de l'entreprise ne la conserveraient plus en permanence. Notre flotte strictement électrique ou hybride tournerait régulièrement d'un collaborateur à l'autre. Ainsi le critère ne serait plus la traditionnelle place dans l'organigramme, mais le besoin de chacun. Ceux dont les déplacements de la semaine impliqueraient de longs trajets bénéficieraient des véhicules les plus spacieux. Petit à petit, ce partage se mit en place et trouva relativement vite sa routine d'échange à la semaine, à la quinzaine ou à la journée si le besoin s'en faisait sentir. Ce schéma participe également à habituer les salariés de Biogroupe aux véhicules écologiques et à la mobilité de demain !

***

7 h 15, sur le parking de la digue d'Erquy à l'opposé du port, il fait frais en ce mardi matin d'avril. Nous nous échauffons avec Éric notre professeur de sport depuis maintenant 4 ans. C'est la reprise saisonnière des cours de « street-jogging ». Ce temps de 45 minutes est composé d'un échauffement rapide, suivi d'une course de près d'un kilomètre en petites foulées, pas-chassés et talons-fesses sur la plage pour rejoindre la cale de mise à l'eau à l'opposé. Commence alors un enchaînement d'exercices physiques complet sollicitant l'ensemble des muscles. Y compris certains dont on ignorait parfois l'existence et que l'on découvre deux jours après lorsque les courbatures se font sentir. Le temps de cette séance, le mobilier urbain devient notre équipement. Éric rivalise d'ingéniosité pour faire, à nos côtés, des pompes depuis le parapet, des dips en prenant appui sur les bancs ou encore des slaloms entre les poteaux des drapeaux. Le rythme intense et la douleur physique pourraient passer pour du sadisme si nous n'avions pas une confiance absolue dans la technicité de notre coach ! Lorsque l'été approche, nombre d'entre nous profitent même d'un bain frais sitôt les étirements de fin de cours terminés. La journée de travail n'est pas la même,

lorsqu'avant de l'avoir débutée vous avez pu vous dépenser de la sorte.

L'hiver, lorsque le soleil s'attarde sur l'autre face de la terre et que la nuit s'accroche avec ses cristaux de givres cette séance est suspendue et nous n'avons plus qu'un cours par semaine. Il a lieu le jeudi soir alternativement dans la « Cuisine » ou dans notre yourte mongole dressée entre le parking et les bureaux.

Suite à un contrôle de l'administration, lors de la création du premier bâtiment de Biogroupe en 2014, j'avais été sommé de créer une salle de pause, absente du plan initial. L'inspectrice m'avait rassuré en m'orientant vers des préfabriqués blancs facilement et rapidement disponibles pour lever l'avertissement. Bien évidemment, j'avais immédiatement cherché une alternative davantage « Biogroupienne ». Le site du Bon Coin affichait une annonce pour une véritable yourte d'Oulan-Bator de 50 mètres carrés avec deux portes. Cela répondait aux critères de taille et de sortie de secours. Installée et approuvée, elle fut depuis démontée et remontée trois fois pour permettre les différentes phases de travaux que son emplacement entravait. Elle a aujourd'hui une place bien à elle et sert aux cours de sports, soirées, massages et évènements réguliers de l'entreprise. Elle abrite également le matériel d'apiculture nécessaire à la vie des trois ruches disposées sur le terrain de Biogroupe.

Enfin, elle héberge les cours de yoga dispensés eux aussi deux fois par semaine par Lili. Après avoir construit Biogroupe à mes côtés pendant 7 ans, elle décida de se reconvertir dans l'enseignement de cette discipline qu'elle pratiquait depuis tant d'années. Elle initie alternativement au Yoga Nidra qui s'apparente à une relaxation guidée au son de sa voix ou à l'Hatha yoga qui consiste en un enchaînement de postures un peu plus physiques.

***

La vie de l'entreprise bat son plein, le chiffre d'affaires croît et les idées ne manquent pas. J'ai une énergie débordante en cette année 2018 et je me lance sur tous les fronts à la fois. Le tour du monde m'a rendu la foi et le dynamisme nécessaire à poursuivre cette folle aventure entrepreneuriale et collective !

***

Un matin d'octobre, en cette belle année 2018, je ne comprends pas ce qui m'arrive. D'un tempérament très matinal, rien ne me semble impossible au réveil, une envie débordante m'envahit et une énergie fourmillante se diffuse dans mon corps. Réveillé aux aurores, j'aime ce sentiment d'avoir du temps en plus alors que tout le monde navigue encore dans ses songes.

Mais ce matin-là, rien. Pas d'énergie, pas d'envie ! Je me sens bouleversé par cette paralysie. Qui plus est, étant d'un caractère plutôt jovial je n'ai qu'assez rarement des sautes d'humeur. Lili n'exprimerait peut-être pas cela de la même façon que moi, mais disons qu'il m'est assez difficile d'être fâché longtemps ! Il m'est arrivé de me forcer à bouder pour marquer le coup, mais ça n'est pas dans mon naturel. J'aime dire ce qui ne va pas et passer à autre chose. Par-dessus tout, j'aime rire. Les comiques et chroniqueurs maniant l'art de l'humour sont parmi mes plus grandes idoles.

C'est pourquoi ce dysfonctionnement me perturbe au plus haut point. Qui plus est, je reste conscient de ma pathologie du moment. Je vois bien que cet état reflète une problématique plus grave qu'un simple réveil disgracieux. Mais rien n'y fait, je suis dans mon lit, étendu, sans envie… le pire de tous mes symptômes est mon indifférence à voir Lili ou les enfants. Ils me reprochent régulièrement d'être trop protecteur, trop tactile et de les bisouiller sans cesse. C'est dans ma nature, je ne rate jamais un bisou du soir, un câlin, un bisou du matin, un autre câlin avant d'aller à l'école, un autre dernier bisou… mais ce matin, ce lien tactile ne m'anime plus. Comment est-ce possible que cette habitude charnelle soit emportée par mes maux ? Les forces instinctives de l'inconscient ne devraient-elles pas surmonter mon état psychique délétère ?

Alors, restant à la maison, pantouflard pour la première fois depuis mes années de vie étudiante, je réfléchis aux causes du problème. Ça n'est pas évident tant mes fonctions cognitives s'avèrent ralenties. Même mon cerveau semble se mettre en grève. Rassemblant mes derniers neurones disponibles, j'essaye de retracer ce qui a pu conduire à cette fatalité brutale un matin comme les autres alors que rien ne le présageait.

Je reste à la maison toute une journée, sans aucun contact. Je formule tout juste un texto laconique à Biogroupe pour prévenir que je suis malade et un autre évasif à Lili pour éviter de rentrer dans une explication que je ne me sens pas le courage d'avoir.

Le lendemain, mon état ne s'améliorant pas, émerge l'idée de partir, de m'écarter du monde, de changer de décor puisque celui dans lequel je vis a cessé de m'attirer. La solution à mon problème n'est vraisemblablement pas dans ma chambre.

Dès lors, il me faut solliciter quelqu'un pour m'accompagner. Je ne suis pas de ceux que la solitude attire. J'aime partager, même en silence, les moments de la vie avec une autre personne. La solitude me repousse dans mes songes et m'effraie, particulièrement aujourd'hui. Aurais-je peur de moi-même, de mon subconscient ? Ou ne serait-ce finalement qu'une envie forte de socialisation que le souvenir de ma jeunesse solitaire faisait ressortir dès lors que je me trouvais seul ? Probablement un peu des deux.

Mon ami Alexandre a cela de sûr que je peux m'appuyer sur lui comme il sait pouvoir compter sur moi, et ce presque à tout moment. J'ai la chance d'avoir ce type de relation avec quelques autres personnes, mais un lien supplémentaire nous relie, tous deux amoureux d'Erquy, nous partageons désormais le même lieu de vie et donc une grande proximité. Nous nous sommes rencontrés adolescents, passant entre autres notre monitorat de voile à la même époque. En revanche, nous ne nous sommes vraiment trouvés qu'il y a une dizaine d'années. Nos vies avaient pris des chemins différents, mais les attaches, les valeurs, la famille étaient autant d'ancres solidement crochetées que nous avions en commun. Lui comme moi n'aspirons qu'à des choses simples et nos rêves ne sont jamais totalement déconnectés de notre réalité. Nous aimons avoir les pieds sur terre. Le travail manuel nous attire et occupe une part conséquente de notre temps libre. Nous ne convoitons pas de nouveaux objets comme les voitures, les montres ou les accessoires sans cesse mis sous notre nez par la publicité. Je reconnais en revanche qu'il nous arrive d'être tentés par les qualités indéniables de tel ou tel outil de bricolage !

Et puis nous aimons profondément la mer. Je pense que nous nous retrouvons tous les deux dans la citation de Baudelaire

« Homme libre, toujours tu chériras la mer ». Outre le besoin de l'observer, d'apprécier chaque jour les variations de couleurs qu'elle nous offre, la beauté de ses formes sans cesse renouvelées, la richesse de la vie qu'elle porte en elle, nous la vivons. Chaque jour, la météo apporte une raison nouvelle de flirter avec elle. Le vent est une excuse pour glisser sur son épiderme. Les mouvements de la lune qui créent les marées nous invitent à fouiller dans ses entrailles et pêcher les fruits de mer embusqués qu'elle abrite. Le puissant rayonnement du soleil la met parfois à nue, offre une transparence qui nous permet d'admirer les mille créatures de son monde.

Cette attirance charnelle vers un élément qui nous est vital résonne de concert avec notre quotidien et nous rassemble de fait.

Le temps que je me décide à l'appeler, on avait fini par avoir vent de mon état et on s'inquiétait en venant me prodiguer des conseils. À les entendre, ce qui m'arrivait était normal et je payais le prix de ma suractivité permanente. Il y avait une justice, je n'étais pas un surhomme, dès lors il était normal que mon corps mette le holà à mon affairement constant. Les conseils allaient tous dans la même direction : profiter de ce moment pour me reposer, prendre soin de moi, rester au calme…

Touché par cette sollicitude, je n'ai pourtant plus qu'une envie en tête : partir. En revanche, je suis conscient qu'il convient de trouver un lieu proche, n'étant tout de même pas au mieux de ma forme.

Par ailleurs, je ne souhaite pas déplacer mon problème et mes fesses du canapé familial à celui d'un hôtel ou d'une location meublée. Il me faut mettre sur pied un périple court, pas trop éprouvant et qui me permettra de focaliser mon esprit sur autre chose que… sur rien en fait !

Alors me vient l'idée de partir faire du stand up paddle. Le stand up paddle est une nouvelle forme de glisse. Elle émergea vraiment il y a une dizaine d'années. C'est un peu comme faire du kayak debout. Vous êtes debout sur une planche avec une rame que vous utilisez à droite puis à gauche pour avancer. Ses trois principaux avantages sont d'avoir une meilleure posture générale, de ne pas se faire mal au dos comme c'est souvent le cas en canoé et de pouvoir observer l'eau avec une vue plongeante. Enfin, elle permet d'avoir une sensation de glisse plus perceptible puisque les deux pieds sont en contact presque direct avec l'eau contrairement au kayak où l'appui englobe le postérieur et les jambes.

Ce mode de randonnée aquatique me permettra de glisser librement sur l'eau et de me déplacer d'un endroit à l'autre pour conférer à cette évasion un objectif autre que juste celui d'aller mieux… aller quelque part !

Je parle de mon projet à Alexandre qui accepte de se libérer pour le lendemain et nous trouvons ensemble une rivière proche qui se jette dans la mer : l'Odet. Le challenge sportif est très raisonnable avec 3 heures de descente à l'aller et probablement la même chose le lendemain si nous parvenons à profiter de la bascule de marée. Il nous suffira de déposer la voiture à Quimper, notre point de départ, et de dormir à Bénodet qui borde l'estuaire. L'affaire est entendue et après avoir dressé l'inventaire nécessaire et réservé l'établissement pour la nuit nous sommes fins prêts pour le lendemain.

Suite à une bonne nuit, je me réveille excité par l'aventure et d'une humeur presque joviale. 72 heures après mon état ténébreux, que tout le monde autour de moi qualifie désormais de burn-out, je suis guéri ou presque. La préparation et la perspective de cette aventure m'ont fait sortir de la torpeur somatique dans laquelle ce soi-disant surmenage m'avait plongé. J'embrasse ma famille chaleureusement avant de me mettre en route.

***

La pagaie pénètre dans l'eau à l'avant de la planche, je prends appui sur cette matière en perpétuel mouvement et ramène la rame vers moi puis vers l'arrière. L'effet est immédiat et propulse la frêle embarcation vers l'avant. Ce geste répétitif est reproduit trois ou quatre fois d'un côté, puis de l'autre et ainsi de suite. C'est un mouvement fluide, réitéré mécaniquement. Il est à la fois lent, puissant et complet. Cette répétition gestuelle combinée à la fluidité de l'étrave fendant l'eau invite à la méditation. Le corps est droit, le torse en avant afin d'ouvrir la cage thoracique au maximum pour faciliter la respiration. Les jambes sont légèrement fléchies pour faire porter l'effort sur les abdominaux et non sur le dos. Les pieds sont centrés longitudinalement et latéralement sur la planche dans une recherche de balance parfaite, d'équilibre aérodynamique et de pénétration dans l'eau. Le regard se projette loin. Il est perdu quelque part sur la ligne d'horizon, porté par les goélands qui surfent avec les courants d'air et les nuages qui flirtent avec les reliefs du panorama. Malgré tout, le cerveau reste vigilant en pilote automatique. Il surveille les écueils, l'accélération du courant ou les rochers qui viendraient à imposer un changement de cap ou une vigilance particulière pour ne pas déstabiliser le frêle esquif. Sommairement arrimé à l'avant le sac étanche tangue au gré des secousses et semble parfois bouger un peu trop fort risquant de capoter à la baille. Il renferme les vêtements secs, l'eau, un peu de nourriture, nos papiers, de l'argent et les clefs de la voiture.

Depuis un bon moment déjà nous naviguons sur cette rivière en direction de la mer. Nous suivons ses méandres et son courant pour arriver aux portes de l'océan. Il ne faut pas traîner, car la bascule de marée pourrait nous être fatale et nous empêcher de rallier notre objectif.

C'est la première fois que nous partons en ce mois d'octobre 2018, Alexandre et moi pendant quelques jours pour parcourir le temps d'un court séjour une rivière bretonne.

Nous glissons sur l'eau depuis une bonne heure maintenant. En silence la plupart du temps, sauf pour signaler un danger ou s'assurer que tout va bien. Le temps n'est pas au beau fixe et le vent commence à souffler sur nos visages. Ça n'est pas un bon présage, s'il forcit et demeure de face, nous devrons lutter pour parcourir le dernier tiers du parcours plus exposé. Mais qu'importe, je suis là où je dois être, les deux pieds au contact de l'eau, fournissant un effort physique machinal dans un profond silence que seuls le bruissement du clapotis de l'eau et le tumulte de la faune viennent perturber.

Mon esprit s'entrouvre, mes pensées sont moins brumeuses, cette éclaircie me permet de réfléchir à ce qui vient de m'arriver. J'essaye de comprendre en refaisant le bilan de ma dernière année professionnelle puisque ma vie personnelle me semble sereine et même plutôt chanceuse !

***

Revenu du tour, du monde la magie a opéré. L'année 2018 fut couronnée par nombre de succès commerciaux, de projets en tout genre et d'explorations de nouvelles pistes très prometteuses pour continuer à façonner une entreprise la plus adaptée possible aux besoins de notre société, des collaborateurs et de l'environnement.

Alors je creuse plus profond et essaye de me remémorer plus en détail ces douze derniers mois. Je commence par scruter ma mémoire géographique pour retracer mes déplacements depuis mon arrivée à Roissy le 2 février 2018 après notre tour du monde. Je n'aurai pas besoin de scruter plus avant. La cause de mon mal est là sous mes yeux. Je suis revenu d'un voyage, certes passionnant et inspirant, mais reconnaissons, le fatiguant ; douze pays en deux mois tout de même. Et là, débordant d'énergie et de ressources, je me suis lancé de toutes mes forces dans une année remplie de nouveaux déplacements professionnels pour la plupart, mais aussi personnels à deux reprises pour les congés. Je dresse la liste des pays dans ma tête alors qu'il me faut appuyer plus fort dans l'eau à mesure que le vent continue de monter. L'énumération seule me donne le vertige. Je pense être chanceux de n'avoir eu que ce mini-burn-out. La liste est longue et les distances que j'ai parcourues sont sidérantes et déraisonnable.

Suède, Finlande, Danemark, Angleterre, États-Unis, Allemagne, Angleterre, Maroc, Italie, Belgique, Écosse, Espagne, Croatie, Italie, Allemagne, Japon, Angleterre, Pays-Bas, Belgique, Luxembourg, Espagne, Irlande, Sri Lanka, Allemagne, Thaïlande.

Si je les additionne aux pays visités pendant les deux mois précédents, le total est de trente-sept pays en quatorze mois !

***

Après ce petit burn-out, la vie reprend son cours. L'espoir renaît, j'imagine que plus conscient de mes limites, tout ira bien.

Malheureusement, les choses ne tournèrent pas comme je l'espérais. Mon associé parisien émit le souhait de s'investir davantage au sein de Biogroupe suite à son éviction dans une société qu'il présidait. Longtemps partagé entre l'envie de l'aider et la crainte d'une double gestion, je finis par céder à sa demande. Comme je l'avais pressenti nos modes de management radicalement opposés, ses déplacements irréguliers depuis Paris vers Biogroupe et sa vision différente du futur occasionnèrent de fréquentes et houleuses discussions.

Vint ensuite le temps de la mise à niveau industrielle. Il m'avait fallu anticiper pour préparer le changement de notre ligne d'embouteillage, désormais incapable de répondre à la demande. Nous étions victimes de notre succès et la croissance générait inlassablement son lot de dépenses. Nous avions prévu de lever de l'argent sous peu, mais j'étais alors contraint de devoir acheter cette machine rapidement avec des financements extrêmement limités pour éviter de mettre nos clients en rupture de stock.

Je touchais les limites de notre capacité sur le plan industriel. J'apprenais depuis 4 ans, je visitais les salons de matériels agroalimentaires tous les ans et je questionnais fréquemment la personne en charge de la maintenance, mais cela ne remplaçait pas l'expérience !

Mon associé et moi avions prévu d'accueillir Christophe, notre nouvel associé au début de l'année 2019 qui apportait dans ses bagages, entre autres, de l'expérience industrielle. Cette dernière m'aurait été bien utile, malheureusement elle arriva trop tard. Pressé par la croissance je n'eus pas d'autres choix que d'arbitrer seul sur cet investissement majeur de l'entreprise.

Je fus contraint par le temps de commander un modèle d'embouteilleuse plus performant chez notre fournisseur qui consentit à racheter le matériel qu'il nous avait vendu quelques années plus tôt.

La machine arriva en avril et au lieu des 3 semaines d'arrêts prévus pour faire l'échange avec l'ancienne, nous mettrons au final près de 5 mois à la faire fonctionner correctement ! Christophe m'expliquera plus tard que des changements industriels de ce type sont habituellement prévus un an à l'avance et il faut près de huit mois pour les mettre en place tandis que les machines habituelles continuent de fonctionner. Les trois semaines que j'avais prévues se révélaient un peu juste effectivement…

Cette contrainte opérationnelle majeure fit perdre des milliers d'euros de commandes chaque semaine et instaura un climat délétère dans l'entreprise.

Face à l'incertitude fatale que pouvait laisser présager cette perte sèche, le modèle de Biogroupe implosa !

La frustration des personnels de production incapables de sortir la moindre bouteille dans leur journée de travail se conjugua avec l'exaspération des commerciaux mis à mal par les clients ulcérés de voir leurs étagères désespérément vides d'un produit très rémunérateur. La maintenance accaparée par le bras de fer qu'elle menait avec les fournisseurs peu enclins à nous soutenir dans notre galère remettait en cause l'organisation globale du projet. La finance jonglait chaque jour avec les relances de paiements que nous ne pouvions plus honorer dans les temps. Bref, l'ensemble des services finit par s'unir dans une longue plainte incessante qui sonnait le glas des belles heures de l'entreprise.

Face à la peur, la défiance traçait sa route, remontant lentement mais sûrement les liaisons de l'organigramme jusqu'à moi.

La crainte de perdre tout son investissement rendit mon associé inquisiteur. Il se mêlait désormais de tous les sujets dont il ignorait jusqu'à l'existence pour certains, afin de tenter de juguler la dégringolade dans laquelle Biogroupe s'était engouffrée. Cela ne manqua pas de transformer nos différends en une querelle fratricide désormais impossible à dissimuler aux collaborateurs de Biogroupe.

Cependant, je reconnais que la présence de mon associé historique fût à la fois nécessaire de par les nombreux échanges que nous avons pu avoir sur la stratégie de l'entreprise et utile de par son réseau français, le mien étant inexistant. Il est confortable de ne pas se retrouver seul face aux nombreux challenges de la création d'entreprise. Le partage d'une vision, la compréhension d'un marché, la désacralisation des situations les plus dangereuses résonnent plus fortement à deux.

Conscients de cette situation intenable et aidée par nos conseils respectifs, nous finîmes par signer un « traité de paix » dans lequel il acceptait, dès la fin de l'année 2019, de sortir de l'opérationnel de Biogroupe et de ne plus mettre les pieds sur les sites de production.

Malheureusement pour moi, il profita de ma semaine de congé fin août pour s'installer à Biogroupe et semer le trouble parmi les salariés et les financeurs de l'entreprise.

À mon retour, j'étais sur le banc des accusés, toisé de toute part et questionné sur les moindres actions que je menais pour sortir l'entreprise de l'ornière.

N'y tenant plus et contre l'avis de certains, je déclenchai une procédure juridique d'urgence pour présenter ma démission ou exiger son départ lors d'une assemblée extraordinaire réunissant tous les actionnaires de Biogroupe.

La balance pencha en ma faveur et je réalisai soudainement que j'avais failli perdre l'entreprise que j'avais créée ! Je me remontais alors les manches et avec l'aide de Christophe, désormais impliqué à mes côtés dans l'entreprise et quelque peu abasourdi par son année d'initiation chargée, nous mettions en place des actions tous azimuts pour enrayer la crise.

Impliqué depuis le début de l'aventure, l'actionnaire qui m'avait maintes fois soutenu s'engagea à nouveau à mes côtés pour échafauder un plan visant à remettre de l'argent dans l'entreprise et restructurer l'actionnariat. Son intégrité et sa loyauté à défendre les intérêts légitimes des uns et des autres furent de nouveau au service de l'entreprise. Il nous faudra six mois pour arriver à une solution consensuelle. Pour le sujet capitalistique, il accepta de se substituer à mon ex-associé malgré les risques du moment, et pour combler la trésorerie un apport conséquent en compte courant fut voté... malheureusement, il en fut, à la dernière minute, le seul contributeur !

Les fournisseurs étaient alors en train d'arrêter de nous livrer et ce fut sur le fil du rasoir qu'une fois de plus Biogroupe renaquit de ses cendres tel un phénix intouchable et combatif !

Durant les mois qui suivirent, les équipes évoluèrent, au gré des démissions et des départs inévitables, alors que la perte nette de notre exercice 2019 frôlait le tiers de notre chiffre d'affaires.

Une fois de plus, l'année 2020 à venir allait être décisive et nécessiterait sans aucun doute de concentrer toute notre énergie pour remettre l'entreprise sur la bonne voie et retrouver du plaisir à vivre cette aventure hors du commun dans tous les sens du terme !

Chapitre 9
Les valeurs

Allongés sur un tapis de yoga en coton bio dans la yourte mongole de Biogroupe, nous sommes quatre à pratiquer en ce mardi midi. Lili, assise en tailleur face à nous, donne des instructions pour relâcher notre corps et nous mettre dans une posture la plus décontractée possible. J'ai du mal à me concentrer et à ne penser à rien. Je tourne la tête et observe autour de moi. Christophe, plus aguerri à ce type de pratique semble déjà planer au-dessus de son corps tant les traits de son visage sont relâchés.

Je prends beaucoup de plaisir à travailler avec Christophe. Je l'avais rencontré cinq ans auparavant alors que nous étions dans notre pépinière d'entreprise à Saint-Brieuc. Il était responsable de l'innovation d'une grosse entreprise agroalimentaire de la région et m'avait demandé d'accueillir son fils pour un stage alors qu'il était en troisième. Lors de cette rencontre, je pressentis qu'il serait bon que Christophe rejoigne Biogroupe. Il est de ceux qui ne s'abritent pas derrière un masque. J'ai d'ailleurs eu l'occasion de faire un Tedx en 2019 à Saint-Brieuc sur ce sujet de la carapace au travail. Il s'intitule « l'homme tout nu ».

Son franc parlé permet assez vite de rentrer dans le vif du sujet, de ne pas se perdre en tergiversations. Par ailleurs, son implication et celle de sa famille dans la société civile et associative laissaient présager que l'avenir de la planète et des hommes auxquels Biogroupe apporte une maigre contribution le ferait vibrer davantage que la contribution industrielle à laquelle il se livrait pourtant avec entrain.

Nous sommes complémentaires en tout point et fondamentalement unis dans les valeurs que Biogroupe porte. Ainsi, en plus d'apporter son expérience et son expertise dans les sujets industriels et R&D, il structure et organise à mesure que je bouleverse notre industrie, ses pratiques et l'offre alimentaire que nous laisserons à nos enfants.

***

Les bases industrielles consolidées en 2019 apportent leurs lots de belles surprises. La production est plus fluide, plus structurée. Les rendements sont meilleurs, les collaborateurs plus heureux. Le chiffre d'affaires repart à la hausse et le covid qui se dessine en ce mois de mars 2020 ne m'effraie pas tant que ça pour la pérennité de l'entreprise.

Je planifie toute une série de mesures, je dresse des listes entières d'actions que j'aimerais mener. Je me rends compte qu'elles sont presque toutes à dimension humaine. L'humain, tant dans mon univers professionnel que dans ma propre famille semble bien être le symbole de cette année 2020, si particulière. Alors que le confinement se met en place, je partage de beaux moments à la maison, retrouvant un peu de cette connivence privilégiée qui s'était installée lors de notre tour du monde.

Les bas salaires nous touchent Christophe et moi. Nous nous y attelons pour trouver un moyen de revaloriser ce SMIC français que nous jugeons trop bas. Nous aimerions qu'il ne soit plus ce minimum calculé par des bureaucrates n'ayant jamais tenté de vivre avec, mais qu'il devienne un montant juste se rapprochant des réalités de la vie abrupte d'aujourd'hui. Nous parvenons à revaloriser cette catégorie de salaire à 18 % au-dessus du salaire minimum au bout d'un an d'ancienneté mais surtout nous prenons l'engagement de parvenir à 25 % dès 2021.

Certaines entreprises argueront qu'elles payent leurs employés à ce niveau mais elles feront l'impasse sur les conditions de travail. Et souvent, seuls les horaires décalés, les primes de pénibilité ou le travail précaire les contraignent, fort heureusement, à atteindre ce montant.

Nous sommes donc heureux de pouvoir proposer l'association d'un revenu décent combiné à une vie en entreprise la plus agréable possible.

Les cadres de l'entreprise s'investissent pleinement. Qu'ils aient vécu les bourrasques de 2019 ou qu'ils soient fraîchement arrivés, tous n'ont en tête que l'envie de bien faire. Nous nous réunissons chaque semaine dans un comité de direction pour étudier ensemble les orientations stratégiques de l'entreprise. Bien sûr, la vie de Biogroupe, son quotidien, occupe une place importante lors de cette réunion hebdomadaire et aucun sujet n'est anecdotique, afin que chacun puisse s'exprimer sans crainte de jugement…

***

Avril 2020, le vent siffle fort par les entrées d'air des menuiseries alu du premier étage de Biogroupe. Il est 15 h, ma journée est relativement chargée. Depuis ce matin, je pratique la même gymnastique intellectuelle qu'à l'accoutumée, c'est-à-dire que je jongle avec des dizaines de sujets qui n'ont rien à voir. Mes interlocuteurs s'attendent à ce que je traite leurs problèmes avec le même engagement, le même sérieux que le précédent ou le suivant. Je ne suis d'ailleurs pas sûr que le mot « sérieux » soit approprié, car j'aime détendre l'atmosphère et rompre la solennité des réunions en y glissant une plaisanterie ou en faisant de l'humour sur un sujet ou un autre, quel qu'il soit. Cela permet, selon moi, de désacraliser la pression, souvent trop forte, à laquelle on fait face dans le monde du travail. Il n'est pas sûr que tout le monde apprécie cela de la même façon, mais généralement rien n'entame ma jovialité quotidienne.

Aujourd'hui, j'ai donc alternativement discuté de finance, du remplacement des trottinettes électriques qui nous permettent d'aller d'un site à l'autre, de la contrainte logistique d'un entrepôt déporté, de la certification Demeter reconnaissant la pratique de la Biodynamie, des investissements pour l'année suivante et de congé maternité. En rentrant, il m'arrive souvent de dire à Lili que je n'ai rien fait de la journée. Cela signifie que je n'ai pas eu le temps de traiter un seul email tant j'étais accaparé par le quotidien. Les week-ends me sont généralement nécessaires pour traiter les sujets en souffrance et arriver le lundi disponible pour accueillir de nouveau les projets et les challenges à venir.

***

Pour rester dans l'éducation et le partage, je ressors pour l'occasion un dossier vieux de 3 ans que j'avais constitué pour lancer le centre de la fermentation végétale. Il est désormais au cœur de notre thématique.

Ce lieu abritera une banque de souches pour tous les ferments dédiés au végétal. Le but étant de préserver et d'expliquer la diversité de ces ferments nous ne serons pas restrictifs. Ainsi les « mères » de kombucha côtoieront les bactéries ou les levures d'autres univers, comme ceux du pain, de la choucroute ou encore de la bière.

Il hébergera des laboratoires d'incubation destinés aux start-up qui souhaitent développer des projets en lien avec la fermentation végétale.

Enfin, il sera avant tout éducatif et laissera la part belle aux étudiants venus de la région pour apprendre dans des locaux dédiés l'art de la fermentation, ses spécificités, ses avantages et son potentiel. Ils viendront, je l'espère, pour suivre des modules dans leur formation autour de la fermentation végétale. Nous essayerons dans ce centre de replacer l'alimentation vivante au cœur de l'éducation de ceux et celles qui s'engagent vers les métiers de bouche. Ce sont eux qui participeront à créer l'offre alimentaire de nos petits-enfants.

Et pour contribuer à susciter des vocations auprès des plus jeunes élèves de la région, nous installerons une salle pratique et ludique dans laquelle ils pourront mettre la main à la pâte !

***

Il est bon de pouvoir désormais se plonger dans des projets d'avenir. Je n'oublie pas cependant les difficultés majeures qu'a connues Biogroupe et la fragilité de la réussite d'un tel concept. La route était longue et sinueuse et il nous aura fallu dix ans pour avoir de la visibilité !

L'écologie, le bien-être au travail, l'implication sociétale ou l'éducation sont des sujets qui nous tiennent à cœur au sein de Biogroupe.

Chapitre 10
La vision

La batterie de mon astronef est faible, il faut que je pense à le charger à la borne en arrivant. Les panneaux solaires à cristaux recyclés, nouvellement installés, remplissent bien leur rôle, mais n'ont pas l'autonomie des anciens. Au moins, cela permettra peut-être de fermer enfin les mines à ciel ouvert où travaillent sans relâche des centaines de milliers d'Ouïghours. Malgré les condamnations internationales répétées, ces esclaves modernes portent le sort de l'écologie planétaire en extrayant depuis 30 ans les minerais rares qui font tourner l'économie verte à plein régime. Si seulement on avait songé à recycler les coquillages marins plus tôt pour garnir les revêtements des capteurs solaires…

Tandis que je m'élève au maximum de ma flyzone, je suis ébloui par le spectacle de ce trait de côte découpée qui pénètre dans la mer comme les racines d'un vieux chêne s'enfoncent dans la terre. Ces masses de granite sont à la fois brutes et majestueuses.

À Erquy, rien n'a changé depuis ma plus tendre enfance, si ce n'est peut-être la perspective. Enfant, je découvrais les mares du littoral avec mon épuisette et mes crochets à la recherche des trésors de la mer. Adolescent, je naviguais au plus près des rochers alors que le vent soufflait à faire voler le sable loin dans les rues du bourg, risquant à tout moment de me projeter sur la falaise. Adulte, j'arpentais le sentier des douaniers pour effectuer à mon footing matinal en longeant la côte. Désormais, je survole ce petit coin de paradis et observe avec la même émotion ce paysage immuable, fort, et dur à la fois.

La loi du littoral a préservé, fort heureusement, tout l'écosystème de la côte bretonne et l'on n'a pas vu pousser comme des champignons ces « paradise bubbles » enveloppant de leur skydome transparent des zones entières d'habitations bourgeoises au climat contrôlé. Le sud de la France n'a pas eu ce luxe. Les canicules à plus de 60 degrés eurent raison des derniers résistants et les « Bubbles » sont désormais partout et jointes entre elles par des galeries. Cela me rappelle le réseau piétonnier souterrain de Montréal que j'empruntais avec des millions d'autres en hiver, lorsque les températures négatives vous mordent le visage et qu'il faut vous résigner à marcher, consommer et vivre dans un lieu protégé. La différence entre ces deux types d'abris réside dans notre adaptation à un climat endémique par opposition à notre adaptation à un climat que nous avons nous-mêmes bouleversé.

Mais déjà, j'aperçois les « collines vertes » de Biogroupe. J'enclenche l'automatic landing et observe, songeur, ces jolis coteaux verts sur lesquels poussent des ingrédients nécessaires à la production. Ils sont récoltés selon la saison et transformés à l'intérieur, sous le sol. Biogroupe a créé une petite révolution en France en appliquant les règles du troglodisme à l'échelle industrielle. Peu de monde croyait à cette possibilité d'utiliser la chaleur et la protection de la terre pour enfouir les activités économiques et redonner de l'espace à la nature et à l'agriculture. Bientôt, ce sera peut-être la fin des usines moches et des zones d'activités empêchant la biodiversité de s'exprimer. L'assouvissement des besoins de l'Homme ne coûtera peut-être plus autant à la planète.

Bien sûr, nous n'avons pas oublié les femmes et les hommes qui œuvrent chaque jour à l'intérieur des collines. Paradoxalement, ils ont plus de lumière que dans les anciens bâtiments qui étaient pourtant situés à l'extérieur. Pour avoir un rythme de vie efficace et saine, l'Homme a besoin des variations naturelles de la lumière du jour. Lorsqu'il travaille en intérieur, avec un éclairage inapproprié, il ressent de la fatigue, de la morosité et dégrade son état de santé général. Prenant cela en compte, de nombreux puits de lumière et des jeux de miroirs savamment installés inondent les locaux d'une belle clarté naturelle. Le cycle circadien, c'est-à-dire l'horloge interne de l'organisme, est ainsi respecté.

Nous installations attirent de nombreux visiteurs et des firmes agroalimentaires cherchent déjà à s'en inspirer. L'énergie nécessaire aux régulations de températures, sous ces monticules de terre qui protègent des aléas climatiques, provient exclusivement de forages de géothermie et de pompes à chaleurs. L'économie rejoint l'écologie et encourage les plus dubitatifs à se plonger dans une réflexion globale de leur modèle. Les forages d'eau quant à eux sont éclatés de façon micellaire et alimentent la production avant de ramper sous toute la surface cultivable et d'irriguer à la demande les plantations diverses et variées. Plus une seule goutte d'eau ne part aux égouts. Et seule la réglementation nous impose de maintenir ces conduites d'évacuation. Elles sont désormais un souci, car leur inutilité occasionne la propagation d'odeurs nauséabondes difficiles à maîtriser.

La yourte mongole, symbole de Biogroupe, trône fièrement au sommet de la Coline « Playa ». Elle nous rappelle d'où nous venons et comment cette structure démontable de nos congénères des plateaux de l'est en Mongolie fut un jour la salle de pause, la cuisine, et le seul lieu de vie de cette entreprise. L'esprit n'a pas pour autant changé, Biogroupe invente toujours l'alimentation vivante et vertueuse dans une atmosphère bienheureuse.

La capsule de verre pivote, j'emprunte le sustenteur magnétique pour descendre puis m'engage sur le flanc de la colline. De la landing zone à l'entrée principale il y a une distance significative que l'on effectue à pied. Nous avons voulu ainsi privilégier l'exercice. La technologie galopante de ce milieu de siècle solutionne sans cesse les difficultés physiques, réduit dès que possible les efforts humains et favorise malheureusement l'obésité et les maladies cardio-vasculaires. Nous avons réussi à vaincre le cancer, mais malgré les nombreux plans « cardio », la science bute sur ce mauvais ratio alimentation/effort qui dégrade désormais la condition physique des plus dynamiques d'entre nous. Alors ce joli cheminement arboré de 500 mètres environ m'enchante. Lili et moi nous sommes inspirés de cheminements admirables, presque envoûtants que nous avions découverts lors de nos tours du monde. Ainsi le « chemin des philosophes » à Kyoto qui serpente le long d'un cours d'eau bordé de cerisiers ou le sentier en terre rouge d'Auroville ombragé de nombreux banians qui mène à la Matrimandir ont largement participé à inspirer ce petit parcours méditatif.

L'important n'est pas tant la destination que le chemin avions-nous l'habitude de répéter à nos enfants alors que nous roulions à 80 km sur les routes de France dans notre vieux combi Volkswagen !

Nous avons œuvré sans compter pour empierrer, décorer, et planter les végétaux qui ornent aujourd'hui ce sentier. Le brouilleur d'ondes veille à ce que rien ne vienne perturber ce moment hors du temps. Aucun câble, aucune structure, aucun objet construit de la main de l'homme n'est présent sur l'itinéraire. C'est le passage obligé de tous ceux qui pénètrent dans l'enceinte de Biogroupe. Il permet de s'ouvrir aux autres et de placer ses intentions pour la journée. Le soir, il permet d'opérer une transition douce entre le travail et la maison. Nous le voulions intemporel. Au milieu des végétaux désormais riches de biodiversité seuls les 3 éléments que sont la terre, l'air, l'eau accompagnent celle ou celui qui l'emprunte le déconnectant, le temps d'un instant, de son époque.

Les parois de verre masquées par la végétation s'ouvrent, je franchis le seuil, une nouvelle journée s'annonce. Seul, engagé dans cette marche d'un pas lent mais assuré, j'ai 20 ans, 60 ans ou 80 ans, peu importe, j'avance.

Épilogue

L'appel du monde résonne fort. Sourdement, il tambourine à mes tympans. À mesure que Biogroupe se structure, il se manifeste et s'insinue lentement dans mon esprit pour devenir cette « idée » persistante désormais imprimée en fond d'écran sur mes rétines.

J'aspire à prendre un peu de recul, à me retrouver au milieu de ma famille et de l'inconnu. Je rêve d'arriver dans des lieux inconnus à la rencontre des autres, de leur vie, de leur coutume et de leur passion. Je me plais à imaginer que nous nous posons là, parmi nos frères et sœurs du monde et qu'humblement nous partageons leur quotidien. Le temps semble appartenir à ce lieu, nous nous accoutumons au rythme de cette communauté. Les enfants jouent, apprennent, s'émerveillent. Dans nos yeux luisent des feux camps, des guitares, des vagues et des repas animés. Les ombres du quotidien sont enfin décrochées et les parois nues de notre cortex nous autorisent de nouveau à rêver pur, à rêver beau, à rêver vrai.

Lorsque l'on imagine que l'on rêve, c'est un signe. Il est temps d'y prêter attention. Nous discutons donc en famille de ce nouveau tour du monde. Les enfants participent activement. Progressivement et collectivement, les envies font surface. Le niveau de conscience résonne fort et notre excursion ne devra pas alourdir notre empreinte sur la terre. Elle devra avoir un sens. Humanitaire ? Éducatif ? Environnemental ? Tout est étudié, rien n'est écarté. L'avion en tout cas est proscrit et les traversées devront se faire par la mer. C'est à ce prix que nous pourrons passer d'un continent à l'autre. À l'inverse de notre tour du monde précédent où la multiplication d'observations entraînait notre esprit à plus d'ouverture et à plus de curiosité, celui-ci devra ouvrir notre cœur. Nous devrons prendre le temps de comprendre nos apprentissages, ouvrir des canaux de communication « vrais » avec ceux qui voudront bien nous accueillir. Enfin, ces traversées, lentes et longues, favoriseront l'ingestion des « découvertes » pour en tirer les bons enseignements, pour les graver à jamais dans nos mémoires et pourquoi pas pour les coucher sur le papier.

Imprimé en France
Achevé d'imprimer en août 2022
Dépôt légal : août 2022

Pour

Le Lys Bleu Éditions
40, rue du Louvre
75001 Paris

www.ingramcontent.com/pod-product-compliance
Lightning Source LLC
La Vergne TN
LVHW010551160826
845677LV00013B/3087

* 9 7 9 1 0 3 7 7 7 0 0 2 8 *